孫文と北一輝

――〈革命〉とは何か

Sun Yat-sen and KITA Ikki—What is the Revolution?—

八ヶ代美佳

敬文舎

孫文と北一輝

――〈革命〉とは何か

八ヶ代　美佳

敬文舎

装幀◉竹歳明弘

目次

凡例

・注釈は巻末に、各章ごとに分け掲出した。
・引用している史料のうち、仮名遣いは原文通りであるが、旧漢字は常用漢字に改めた。なお引用史料のうち中国文献については、簡体字を繁体字に改めている。
・資料を引用するにあたっては、正確を期するため、現代においては不適切と思われる表現もそのままに記している。
・引用文中の中略は「……」で示している。
・引用文中の括弧〔 〕は断りがない限り筆者注である。
・引用文中の傍線や傍点は断りがない限り筆者が付したものである。
・本書のなかで、一つの言葉に複数の概念が当てられている語句や本来の意味とは別の意味で使用されている語句については、これを区別するために《 》で括っている。（例：孫文の《国民》、北一輝の《帝国主義》）
・本書のなかで筆者が強調したい語句は〈 〉で括っている。
・本書のなかで頻出する用語に関しては、初出の際には正式名称を記し、その後は表題を除き略称で表記した。それぞれの略称については初出の際に示している。（例：『支那革命外史』→『外史』）
・本文で使用する年号については、西暦と中国の年号、もしくは西暦と日本の年号を並記した。なお中国の年号については、中華民国建国以前は旧暦を使用していたため、月日まで並記している。

まえがき

序章の内容を先取りする形になるが、「革命とは何か」という問題意識のもと、アジアの〈革命〉——辛亥革命に焦点を当て、孫文と北一輝の〈革命〉構想を比較・分析することで、主観的側面から近代における〈革命〉について考察する、というのが学位請求論文執筆当時からの筆者の目的であった。

しかし原稿を書き進めるうちに、もう一つ本書には言及すべき点があることに気づいた。それは近代日中両国間の思想的「相互連関」について考察することである。

孫文や北一輝が生きた時代、一九世紀の終わりから二〇世紀のはじめにかけては、東アジアにおける日本と中国の立場が、大きく変化した時期である。

アヘン戦争をはじめとする相次ぐ戦争により次々と冊封国を失っていた中国にとって、日清戦争における敗北は、その後の自国の運命を決定づけた。「眠れる獅子」と呼ばれた中国の弱体化が白日の下に晒され、中国本土への西欧列強の侵略を招くことになったからである。

事実、一八九八（光緒二四）年から翌九九（同二五）年にかけて、ドイツが膠州湾を、ロシアが旅順・大連を、イギリスが威海衛を、フランスが広州湾をそれぞれ租借地とし、日本も台湾対岸に位置する福建省の不割譲を約束させ、自国の勢力圏とした。

また日清戦争の翌年、一八九五（光緒二一）年に結ばれた講和条約（下関条約）も中国を苦しめる要因の一つとなった。最後の冊封国である朝鮮を失うことになったばかりか、台湾およびその周辺諸島と遼東半島の割譲、当時の清朝政府の年間収入の二・五倍にあたる戦費の賠償が、この条約により課せられたからである。

遼東半島については、ロシア・ドイツ・フランスの「三国干渉」により庫平銀三千万両と引換えに返還されることとなったが、賠償金と遼東半島返還のための補償金は清朝政府に重く圧し掛かった。清朝政府は補償金を期限どおりに支払うために、鉄道敷設権や鉱山採掘権を担保として列強諸国に借款を申し込まざるを得なくなり、これによって中国の半植民地化が加速していくこととなる。

一方、このように弱体化・半植民地化が進む中国に対し、東アジアにおける自らの地位を確立・強化していったのが、日清戦争に続き日露戦争においても勝利した日本であった。

この一九〇五（明治三八）年の日露戦争における結果は、東アジアの人々を歓喜させた。西欧列強による侵略が進むなか、東アジアの小国である日本が、西欧の大国であるロシアに勝利したことが、彼らにとって大きな希望となったからである。

しかし、日本は彼らの期待に反して軍事力を背景とした大陸進出を推し進め、「帝国主義」国家への道を歩むこととなる。日露戦争の翌年に締結した講和条約（ポーツマス条約）によって、朝鮮半島における自国の優位性を確保し、ロシアが保有していた南樺太や遼東半島の租借権、東清鉄道南部の経営権などを獲得した日本は、韓国や満州に対する支配を本格化していくのである。

なかでも第一次世界大戦中の一九一五（大正四）年に、大隈重信内閣が中国の袁世凱政府に対して行った「二十一カ条の要求」をめぐる一連の交渉は、当時の日本の帝国主義的性格を示す最たるものであろう。

このような両国の立場の変化から、従来より研究者の間では「東アジアの伝統的な国際秩序（冊封・朝貢体制）を主導していた中国の弱体化」と、「崩れていく東アジアの伝統的な国際秩序のなかで唯一、近代化に成功した日本の台頭」あるいは「崩れていく東アジアの伝統的な国際秩序のなかで帝国主義的性格を強めていく日本」という対比的な構図が、暗黙のうちに存在している。

それは本書で取りあげる辛亥革命についても例外ではない。従来の研究によって、清国留学生のなかから陳天華・鄒容・黄興・汪兆銘など数多くの革命家が生まれてきたことが明らかにされており、日本の近代化がこの革命に与えた思想的影響の大きさについては、誰もが認識している。しかしその一方で、この革命が日本に与えた思想的影響について言及する先行研究は、管見の限りほとんど見られない。

それは北一輝の『支那革命外史』が、辛亥革命に始まる中国革命を直接経験した彼によって書かれたものであるにもかかわらず、先行研究の多くが、その後半部における主張の変化を、彼が法華経信仰に傾倒したことによる心境の変化の一つとして説明していること（本書の第四章で詳述する）からも明らかである。

このように、当時の日中関係については、歴史――特に思想史――の分野において、良い面でも悪い面でも、日本が中国に対して与えた影響ばかりが大きく取り上げられる傾向にあると言える。

しかし、本書で取り上げる孫文や北一輝が生きた時代、日本と中国は共に強大な力を持つ西欧諸国に対峙していた。いかに彼らに対抗できる国を作るかが当時の両国にとっての最重要課題であり、共通の危機意識を持つ両国は、日本から中国への一方通行ではなく、相互に深く絡まりあいながら発展してきたはずである。

そのため本書では、終章において、〈革命〉としての辛亥革命について考えるとともに、孫文と北一輝の革命構想に変化をもたらす契機となった現実の〈革命〉、辛亥革命を起点として両者の革命構想を位置づけなおすことで、近代日中両国間の思想的「相互連関」について描き出すことを試みた。

「国父」「中国革命の父」と呼ばれ、毎年五月一日のメーデーと一〇月の国慶節の連休に合わせて北京市の天安門広場に巨大な肖像画が設置される孫文と、二・二六事件において理論的首謀者として処刑され、第二次世界大戦後は「日本ファシズムの教祖」と呼ばれた北一輝。現代において正反対の評価が下されている両者を比較することに対して、忌避観を持つ研究者も多いだろう。

しかし、異なる社会背景を持ち、同じ革命を経験した両者が描いた「革命」構想を比較・分析することは、前述してきた近代日中両国間の思想的「相互連関」について考えるうえで非常に有用である。

本書が、これまで個別に進んできた日本近代史研究と中国の近代史研究を架橋し、両国の近代史研究に新たな視点を提供する一歩になれば幸いである。

序章■二人の革命家——孫文と北一輝

本書の問題認識――「革命」とは何か

近代という言葉について辞書を開いたとき、そのカテゴリーのなかに「革命」という言葉が散見される。この「革命」という言葉は、古くから中国において使用されてきた「易姓革命」[1]とは異なる概念であり、「回転」を意味するラテン語のrevolutioを語源とする、Revolutionの和訳である。[2]この「革命」(Revolution)という言葉は、今日の歴史学において広義には、「旧来の支配勢力に代わって被支配勢力が政治権力を握り、根本的な社会的・経済的・政治的変動を短期間に遂行すること」[3]という意味で定義され、現在では一般的な用語として理解されている。

しかしRevolutionとしての概念で捉えたとき、この「革命」という言葉は、古代や中世あるいは近世といった時代には見られない。最初にこの言葉が使われたのは一六八八(元禄元)年の「名誉革命」においてであり、それ以前の「清教徒革命」には、一七世紀当時、「革命」という言葉は冠されていなかった。[4]つまり当時の人々は、明らかにそれまでの変革・反乱・内戦・クーデターとは異なる意図を含んで、この「革命」という言葉を用い始めたのである。このような、Revolutionとしての概念で使用される「革命」という言葉が近代でしか見られないことは、いかに〈革命〉が近代という時代に特異な事象であるか、という事実を我々に物語っていると言えよう。

それゆえに近代をフィールドとする研究者にとって、〈革命〉研究は大きな主題の一つであった。なかでも革命運動史(政治史)は、常に〈革命〉研究の「本流」として注目を浴び、ロシア革命やフランス革命、辛亥革命等の個々の革命につき、指導勢力や実行勢力、打倒された政権の性格、革命後に権力を掌握した勢力についての細密な分析がなされてきた。

ところが近年、特に日本の辛亥革命研究において、この〈革命〉に対する捉え方に変化が見られるように思う。江田憲治氏が、

〔近年は「清末・民初史」研究が隆盛を誇っているが〕「清末・民初史」研究とは、「辛亥革命史研究の持つ問題意識を共有し、そこから出発しつつも、辛亥革命史研究の視点のみでは必ずしも捕捉できない諸事象の総体的な把握を目指した」研究であり、そこに共有されているのは「辛亥革命を境とする断絶性よりも、その前後にわたって通底する国家―社会関係の変容過程の特質について明らかにしようとする視座」である。[5]

と述べているように、革命を連続した歴史の流れのなかで捉え、様々な外的・内的要因を複合して革命を論じる研究が主流となってきている。確かに〈革命〉は現実に存在する社会から生み出されたものであり、このような視点は〈革命〉の独自性や特殊性を語るうえでも非常に重要である。

しかしその一方で、早くも一九九三（平成五）年に並木頼寿氏が、

現在の研究状況を概括すれば、中国革命の相対化と中国社会の独自性の再認識という二点に集約されるのではないかと思われる。中国はいわば革命の遺産を食いつくしてしまって、すでに日本の現状と将来に理念的な指針を与えるような存在ではなくなり、むしろ普通の発展途上国の一つとなったといってよい。いいかえれば、革命による断絶をへた新しい社会と見えていたものが、実は中国の歴史の長大な連続のなかでのもっとも最近のできごとであるに過ぎなかったということでもある。[6]

と当時の研究状況を総括しているように、辛亥革命の〈革命〉としての意義が、先行研究のなかで縮小化してきていることは否めない。

並木氏が言うように、辛亥革命後の社会が「中国の歴史の長大な連続のなかでのもっとも最近のできごとであるに過ぎなかった」のならば、なぜ辛亥革命は変革・反乱・内戦・クーデターではなく〈革命〉と呼ばれたのか。辛亥革命が〈革命〉と呼ばれるからには、そこに決定的・本質的な転換が生じていたのではないのか。

また二〇世紀のはじめ、欧米列強に遅れを取り彼らと比肩する方法を必死に模索していた中国で、孫文が自発的・主体的に〈革命〉を起こそうと声を上げていたことは、周知の通りである。彼はなぜ、変革・反乱・内戦・クーデターではなく〈革命〉を求めたのか。辛亥革命とは一体何であり、またこの〈革命〉はその後の世界にどのような影響をもたらしたのか。そしてそもそも〈革命〉とは何であるのか。

このような問題意識のもと、本書では客観的事象として〈革命〉を捉えるのではなく、〈革命〉をなそうとした人々の思想を読み解くことで、主観的側面から近代における〈革命〉について考えたい。なお通常、〈革命〉といえば、イギリスの清教徒革命や名誉革命、フランス革命といったヨーロッパの市民革命を連想するが、本書で取り上げる〈革命〉は、アジアの〈革命〉、辛亥革命である。

前述したように辛亥革命の〈革命〉としての評価は、現在陰りを見せているが、一九一一（宣統三）年当時、この〈革命〉が世界に与えた衝撃と影響は計り知れない。特に隣国である日本では、この〈革命〉に深くかかわったことにより、ある一人の革命家がその主張を大きく転換させた。自身を「幾百年の信念と制度とを一変すべき使命に於て生れたる」[7]革命者と自負した、北一輝（本名北輝次郎）である。

本書では、〈革命〉を強く求めて主体的に〈革命〉をなそうとした人々、「中国革命の父」と呼ばれる孫文と、この北一輝を取り上げ、彼らの《革命》構想を比較・分析することで、〈革命〉としての辛亥革命について考える。

素材としての孫文と北一輝

〈革命〉としての辛亥革命について考えるうえで、なぜ孫文だけでなく、生まれた国も政治的背景も異なる北一輝を取り上げ、さらに両者を比較するのか。それは孫文と北一輝には次の三つの共通点があるからである。

一点目は、両者が国家レベルで世に影響を及ぼす人物であったことである。

今もなお中国において「国父」と呼ばれる孫文については、言うまでもないだろう。北一輝については、孫文ほどの世界的知名度はないものの、彼が一九一九（大正八）年に出版した『国家改造案原理大綱』（のちに『日本改造法案大綱』と改題・加筆。以下二つの題目を総称する場合のみ『改造法案』と略記する）は、急進的な思想をもった青年将校らに深い感銘を与えたことで知られる。

一九三六（昭和一一）年に彼らが起こした二・二六事件に際しては、事件に直接関与していなかったにもかかわらず、事件の理論的指導者として軍法会議にかけられ処刑されたことは、北一輝の《革命》構想がいかに当時の政府から危険なものとみなされていたのかを証明するものであろう。

二点目は、両者ともに辛亥革命に始まる中国の動乱を経験し、その経験を糧としながら〈革命〉を主張し続けたことである。[8]

北一輝は中国同盟会に入党していた数少ない日本人のうちの一人であり、[9]辛亥革命の勃発に際しては、宋教仁の電報をうけて中国へと急行し、一九一三（大正二）年四月に清国上海駐在日本総領事より三年間の国外退去処分を受けるまで、革命の渦中にある中国に滞在し、その目で〈革命〉を見続けた。

北が一九一五（大正四）年から翌六年にかけて執筆した『支那革命外史』[10]（以下『外史』と略記）は、その体験を踏まえて書かれたものである。また孫文は、袁世凱の打倒を目的とする第二革命に失敗した後、中華革命党を結党して再び〈革命〉を唱えている。

そして三点目、これが本書で両者を取り上げ比較する最大の理由であるが、『外史』後半部で北が主張する《東洋的共和政》（詳細については第四章参照）と、第二革命の失敗後に中華革命党総理となった孫文が規定した「中華革命党総章」（詳細については第三章参照）を比較したとき、現実の革命を経験した後の両者の《革命》構想の一部に、驚くほどの主張の一致が見られること、そしてそれにもかかわらず北が孫文を激しく批判していることである。

孫文が総理を務める同盟会に入党していたことを考えれば、ある程度北が孫文と共通の認識を示していても不思議ではないと思われるかも知れない。しかし彼は、辛亥革命後の国家の在り方をめぐって孫文と対立していた、宋教仁の盟友であった人物である。その北が辛亥革命を経験した後に執筆した『外史』において、孫文と一致した見解を示していることは、〈革命〉としての辛亥革命について考えるうえで、非常に重要な意味を含んでいると考えられる。

また孫文と一致した見解を示しているにもかかわらず、『外史』後半部において、北が孫文を批判し続けていることも興味深い点である。そこで本書では、両者の《革命》構想について分析するなかでも、特に北一輝が『外史』後半部において主張する《東洋的共和政》に着目し、これらの論点について一章を当てて分析することとする。

なお、北一輝が『外史』のなかで孫文を批判していることについては、先行研究においてもしばしば指摘されてきたが、『外史』後半部で北が主張する《東洋的共和政》と、袁世凱の打倒を目的とした第二革命の失敗後に中華革命党総理となった孫文が規定した「中華革命党総章」、これらの両者の構想に共通点があることに最初に言及したのは、久保田文次氏である。

氏は一九七三（昭和四八）年に発表した「『支那革命外史』の実証的批判」[11]において、北一輝関係の書物において無批判に受け入れられてきた[12]、『外史』のなかに見られる中国革命に関する北の理解・説明に対し、中国革命研究者としての立場から実証的な批判を加え、北の孫文に関する主張が現実に即したものではないことを明らかにした。

氏の北に対する見解については第五章で述べるが、この久保田氏の研究によって、『外史』における北の思想を考えるうえでの、新たな疑問が浮上した。すなわち、この孫文に対する、北一輝の現実から乖離した主張が何を意味するのか、という問いである。

ところが残念なことに、この疑問に対する答えは未だ明らかにされていない。それどころか久保田氏以来、孫文に対する北の批判がいかに事実と乖離していたのかを分析する実証的な研究[13]はあっても、孫文と北一輝の《革命》構想を比較し、この両者の共通点について詳細に分析している先行研究は、管見の限り見られない。

なぜこのような偏りが見られるのか。この理由には、近年における北一輝研究の問題関心が深くかかわっている。

問題の所在と北一輝研究の整理

二・二六事件で処刑された北一輝については、長らく丸山眞男氏が定義した「日本ファシズムの教祖」[14]というイメージが定着していた。[15]このイメージに対して、鋭く批判を投げかけたのが、久野収氏である。

氏は一九五九（昭和三四）年、『近代日本思想史講座Ⅳ　知識人の生成と役割』において、北以前の社会主義者・自由主義者が明治憲法以後の天皇制の政治機構的分析を回避したきらいがある一方で、北一輝が一九〇六（明治三九）年に出版した処女作『国体論及び純正社会主義』（以下『国体論』と略記）において天皇制に言及したことを「国民大衆の〝顕教〟的信仰の方向転換をはかろうとする態度として、結論は別としても、十分評価されなければならない」[16]と述べ、

明治維新の志士であり絶対主義官僚であったといわれる大久保利通、木戸孝允でさえが、将来の明治国家のイメージとして描き出さざるをえなかった国家目的のための〝君民同治〟〝君民共治〟の姿、民主共和をイデーとして認める君民共治の姿を明治憲法のなかに読み抜いた思想だといってよく、この思想こそ明治以後の日本人の進歩的部分の〝原哲学〟をなす天皇観といえるであろう。[17]

と『国体論』に見られる北の天皇論や国家構造論を高く評価した。

ただし『改造法案』については、「対外武力進出と軍隊的暴力による国内クーデターの構想」[18]と評しており、氏の北一輝への評価は限定的ではあった。しかしこのような久野氏の再解釈が、従来「日本フ

ァシズムの教祖」という評価しか与えられてこなかった北に対する大きな興味を、他の研究者に与えるきっかけとなったことに間違いはない。同年に『北一輝著作集』の第一巻が刊行されたこともあり、以後、北一輝についての多くの研究が世に出されてきた。

その結果、日本における社会主義革命の実現を訴えた『国体論』、中国革命と日本の対中政策について記した『外史』、日本における〈革命〉をなし遂げるための具体的な方策を示した『改造法案』と、わずか三冊しかない北の著作に独自の特徴があることが明らかになり、北一輝には、「社会主義者」「右翼」「超国家主義者」「帝国主義者」等々、実に多様な呼称がつけられるに至った。

彼の思想的立場についても様々な見解がある。なかでも北を再評価するきっかけとなった処女作である『国体論』から『改造法案』への、社会主義から右翼への転向ともとれる思想的変容をどのように位置づけるべきかという問いは、今日、北一輝研究における最大の課題となっている[19]。

『支那革命外史』の位置づけ

このように、今日の北一輝研究においては『国体論』から『改造法案』への思想的変容を読み解くことに主眼が置かれていたため、二つの書の間に書かれた『外史』は、この思想的変容の理由を明らかにするものとして位置づけられてきた。

それゆえに、岡本幸治氏が『北一輝　転換期の思想構造』において、

北のアジア主義の内容は『支那革命外史』の中にあらかた尽くされている。『日本改造法案大綱』は、

その中の対外政策面に関する部分を整理して示したもので（……）、『外史』の構想を継承したものだといえる。そこで『外史』の内容を検討して、北のアジア主義の思想構造を分析するのが、本章の目的である。[20]〔傍点原文〕

と述べているように、近年の先行研究において『外史』は、『国体論』か『改造法案』と関連する特定の問題意識――岡本氏の場合は『改造法案』の対外政策面にかかわるアジア主義に関する言説を分析すること――に沿って取り上げられており、特定のテーマがクローズアップされている。[21]

その一方で、『外史』に見られる北の《革命》構想そのものについては、ほとんど分析されていない。それは、『外史』前半部と後半部で北の主張にズレがあることを多くの先行研究が指摘していながら、北の主張を意識的に前半部と後半部とで区分して取り扱っている先行研究が、管見の限り、萩原稔氏の『北一輝の「革命」と「アジア」[22]』のみであることからも明らかであろう。

このような『外史』そのものに対する関心の低さが、孫文と北一輝の《革命》構想を比較・分析する先行研究がほぼ皆無であることと、深く関連していると考えられる。

しかし『外史』は、先行研究で扱われているような『国体論』と『改造法案』、二つの書の思想的変容の理由を明らかにするだけのものでは決してない。前述したように、〈革命〉としての辛亥革命について考えるうえで、非常に重要な意味を含んでおり、本書において孫文と北一輝の両者の《革命》構想を分析するうえで核となる史料である。その重要性は、北と旧知の仲であり、また政治的盟友でもあった大川周明[23]が、此書〔『外史』〕が刊行された時、吉野作造博士は「支那革命史中の白眉」と激称したが、それは単に支那革命党に対する北君の厳格なる批判であるだけでなく、支那革命を解説するために、縦横に筆をフランス革命と明治維新とに馳せ、古今東西に通ずる革命の原理を提示せる点に於て比類なき特色を有する。……若し私〔大川周明〕が生涯に読んだ夥しき書籍のうち、最も深刻なる感銘を受けたもの十部を選べと言はれるならば、私は必ず此書を其中に入れる。[24]

と述べていることからも明らかであろう。

『外史』には、〈革命〉としての辛亥革命を経験した北の《革命》構想が色濃く描かれているのである。

本書の構成

以上のことから、本書では、従来体系的に分析・整理されてこなかった『外史』を、北の《革命》構想を分析するうえでの中枢に据え、孫文の《革命》構想との比較を試みる。ただし『外史』は北の処女作ではなく、『国体論』を書いた北が辛亥革命を経験した後に記したものである。このことから考えれば、『外史』をより深く理解するためには、『国体論』及び初期論説に見られる北の思想にも着目する必要がある。

そこで本書では、第一章において、北の処女作である『国体論』と、彼が『佐渡新聞』に掲載した初期の論説のうち、『国体論』を読むにあたって特に重要な観点を含むと考える「政界廓清策と普通選挙」、「咄、非開戦を云ふ者」の二つの論説を取り上げ、辛亥革命に関与する以前の北の《革命》構想について考察・分析する。

次いで第二章、第三章では孫文に視点を移し、彼の《革命》構想について考察・分析する。辛亥革命以前、梁啓超主筆の『新民叢報』と論戦を繰り広げていくなかで打ち出された、孫文ら革命派の《革命》構想から、辛亥革命の成功とそれに伴う当時の中国社会の変容、そして革命後に建国された共和国家との関係を通して、いかに中華革命党時期における、孫文の《革命》構想が生み出されたのかについてみていく。

また第四章では再び北一輝に視点を戻し、前半部と後半部で執筆時期にズレがある『外史』を前後二部に分けて分析し、〈革命〉としての辛亥革命を経験した北一輝の《革命》構想を整理する。

そして第五章では、『外史』後半部において北が主張する《東洋的共和政》に着目し、孫文の《革命》構想との比較を試みる。

最後に終章では、辛亥革命を起点として両者の革命構想を位置づけなおし、現実の革命を経験した両者がそれぞれどのような《国家》構想を導き出したのかを整理することで、近代日中両国間の思想的「相互連関」について描き出すことを試みる。そしてそのうえで、辛亥革命とは一体何であり、この〈革命〉は近代においてどのような意味を持つのか、またそもそも〈革命〉とは何か、という問題について考えたい。

第一章■北一輝の革命前夜——《社会民主々義》の理想

はじめに

『改造法案』の第三回公刊に際して、

思想は進歩するなんど云ふ遁辞を以て五年十年、甚しきは一年半年に於て自己を打消して恬然恥なき如きは……革命者として時代を区画し、幾百年の信念と制度とを一変すべき使命に於て生れたる者の許すべきことではない。純粋の理論を論説して居た二十台の青年だらうが、千差万別の事情勢力の渦流に揉みくちゃにされて一定の航路を曲げ易い三十台だらうが、巳に社会や国家に対して言説をなし行動を取つた以上は年齢や思想如何を以て免除さるべからざる責任を感ずべき筈と思ふ。[1]

と述べ、自身を「幾百年の信念と制度とを一変すべき使命に於て生れたる」革命者であると断言した北一輝。本書において彼の《革命》構想を分析するうえで中枢に据えるのは『外史』であるが、本章ではその準備段階として、北がはじめて世間に〈革命〉の方法を説いた処女作である『国体論』を読み解く。また、北の《革命》構想をより深く理解するために、第一節では『国体論』執筆以前、彼が『佐渡新聞』に掲載した初期の論説のうち、『国体論』を読むにあたって特に重要な観点を含む「政界廓清策と普通選挙」、「咄、非開戦を云ふ者」[2]の二つの論説を取り上げる。そして第二節では、第一節を踏まえたうえで、『国体論』のなかで北が提唱した《社会民主々義》とは何であるのかを明らかにし、現実の革命に関与する以前の、北の《革命》構想について考察・分析する。

第一節　北一輝の初期論説

一　「政界廓清策と普通選挙」

「政界廓清策と普通選挙」は一九〇三（明治三六）年八月二八日から同三〇日まで、三回に渡って『佐渡新聞』に掲載された論説である。本節でこの論説を取り上げたのは、『国体論』のなかで北が《経済的維新革命》（第二節で詳述する）を行う方法として提示する普通選挙について言及しているからである。

彼は、現在の政界について、

藩閥に於て洋刀《サアベル》が最上の武器なるが如く、賄賂は万能を以て政党を左右す。否政党の渾べては賄賂なり。賄賂を行使し得ること多きものが即ち代議士たり。賄賂によりて選出されたる代議士の蠢動する所が帝国議会なり。政友会と憲政本党と、共に価格を附し相争つて藩閥の買はんことを求む。賄賂や実にこの腐敗滾濁を来したるなり。[3]

と論じて、現在の政界における腐敗滾濁著しい事象は、すべて賄賂がはびこっていることに起因すると断言する。

そして、このような賄賂がはびこる原因について、思へ、財産が選挙権の標準たる時に於て賄賂は必然に非らずや。……已に恒の産あり、彼等は国政の得喪につきて憂ふる所なし。[4]

と指摘する。

「制限選挙を行っている現在は、恒久的な財産を持つ者のみに選挙権が与えられているが、恒久的な財産を持つ彼らには国政の得失に憂慮する理由がない。したがって国政に誠実に対応しないのは当然である」と説明する北は、彼等のほしいままに国政が動かされている現状に対して、

理論を述ぶるに非るも。この帝国は吾人の帝国なり、富豪の庭園にあらず。四千五百万人の有なり、堕落せる百万人の私すべきに非らず。[5]

と憤りを露わにする。

ではいかにしてこの現状を打開するのか。北はこの方法について「曰く普通選挙。吾人は只一の是れを見るのみ。[6]」と断言する。

なぜ普通選挙を導入すれば、現状を打開することができるのか。北は次のように述べている。

彼等は貧なり。故に国政の得喪には最も痛痒を感ず。彼等は痛痒を感ずるが故に目前の費金は彼等の投票を侵し得ず。彼等の代議士は貧なり。虚栄の為めに非らず、金銭の為めに非らず、真面目なり、誠実なり、懸命なり。彼等は彼等の去就によりて死活する貧なる四千四百万人の監視の前に立

つ、一握の金貨、一脚の椅子、彼等に於て何かあらむ。四千四百万人は彼等の背後にあり、停会の威嚇、解散の恫喝、彼等に向つて何等の力ぞ。斯くの如くにして始めて議会は剛健、正義、熱誠、護民、愛国、の分子を以て充されむ。[7]

「恒久的な財産を持たない四千四百万人の民衆は、国政の得喪に死活する存在であるから、賄賂を得てその投票権を売るようなことはしない。それゆえに彼等に選ばれた代議士も虚栄のため・己の利益のために立候補した者ではない。そして代議士に取引を持ちかける者がいたとしても、国政の得失に死活する民衆は常に自身が選んだ代議士の去就を監視している。また彼らの背後には四千四百万人の民衆がいるため、停会の威嚇や解散の恫喝は何の力も持たなくなる。このようにしてはじめて議会は健全なものとなる」と説明するのである。

以上のことから、北にとって普通選挙の導入は、「腐敗滾濁に沈滞[8]」する議会を正常に機能させるための、唯一の方法であったと言える。

なお、この普通選挙の導入により、議会の正常化と共に「富豪の庭園」と化している現状も打開されると想定しうるが、「政界廓清策と普通選挙」における北は、「藩閥の打破、朋党の撲滅、この腐敗滾濁の廓清は実に夫れ普通選挙の一挙にあらむか。[9]」と述べるに留まり、普通選挙の導入が国家に与える影響については、明確にされていない。

北一輝(1883～1937) 『北一輝著作集』第三巻(みすず書房)より。

二 「咄、非開戦を云ふ者」

「咄、非開戦を云ふ者」は一九〇三（明治三六）年一〇月二七日から一一月八日まで、九回に渡って『佐渡新聞』に掲載された論説であるが、ここで注目したいのは、北が社会主義と帝国主義の関係について言及するなかで、国家と社会主義の関係について触れている点である。当時から自身が社会主義者であることを表明していた北は、[10]

吾人は社会主義を主張するが為めに帝国主義を捨つる能はず。否、吾人は社会主義の為めに断々〔乎〕〔括弧原文〕として帝国主義を主張す。吾人に於ては帝国主義の主張は社会主義の実現の前提なり。[11]

と述べて、世界の定説では、国土拡張を主眼とする帝国主義と、万国平和を理想とする社会主義は相反するものであるが、自身の考えによれば、社会主義と帝国主義は決して矛盾するものではないと主張する。それは何故か。北の言う《帝国主義》が、既存の帝国主義と異なる定義に基づくからである。

彼は日露開戦に際して非戦論を唱える従来の社会主義者に対して、

社会主義の実現は団結的権力を恃む。国家の手によりて土地と資本との公有を図る。鉄血によらず筆舌を以て、弾丸によらず投票を以て。――生産と分配との平均、即ち経済的不公平を打破することが是れ吾人の社会主義なり。故に社会主義は必ず国家の存在を認む。故に国家の自由は絶対ならざるべからず。故に他の主権の支配の下に置かるべからず。故に国家の独立を要す。……国家の機関と国家の羅針盤とは社会主義者の全力を挙げて護らざるべからざる所なり。[12]

と説明している。

投票と言う平和的手段で現在の経済的不平等を一新しようとする北にとって、土地と資本との公有を図る国家の存在は決して欠いてはならないものであった。それゆえに国家の独立・自由を侵害しようとする敵に対して、社会主義者は全力を挙げて国家を守らなければならないと訴えるのである。そしてこれこそが、北の考える《帝国主義》の本質であった。

北は、《帝国主義》について、

吾人の帝国主義は国家の当然の権利——正義の主張のみ。外邦の残酷暴戻なる帝国主義の侵略に対して国家の機関と国家の羅針盤とを防禦するのみ。……国家の正義に於て其の権利と自由とを保護するのみ。吾人の帝国主義とは乃ち是れなり。[13]

と定義する。

北の考える《帝国主義》は、国家の生存を守るための〈正義〉の主張であった。それゆえに彼は、西欧を中心とする既存の帝国主義を否定する。南アフリカの自由国を征服した国旗の翻える所日没せずと誇るイギリス、キューーバを領土としフィリピンを奪った無限無涯の領土を有するアメリカ、覇者となろうとする虚栄心のために絶えず欧州の擾乱を醸するドイツ皇帝、膨大な領土を開発しないまま世界征服の野蛮な夢想に駆られて外邦を併呑しようとするロシア政府[14]。彼らが提唱する帝国主義は、国家生存の目的の範疇を超えており、北の考える《帝国主義》に値するものではないからである。

このことから考えれば、北が、「社会主義と帝国主義は決して矛盾するものではない」と主張した理由が見えてくる。社会主義に相反するこれらの既存の帝国主義は、彼の言う《帝国主義》ではないのである。

では北の論のなかで、《帝国主義》と社会主義の関係はどのように説明されるのか。彼は「咄、非開戦を云ふ者」において、

社会主義は「国民」の正義の主張なり。帝国主義は「国家」の正義の主張なり。経済的諸侯の貪慾なる帝国主義は、労働過多と生産過多とを以て国民の正義を蹂躙す、社会主義の敵なる所以なり。而も其の経済的諸侯の侵入に対して国家の正義を主張する帝国主義なくば、国民の正義を主張する社会主義は夢想に止まるべし。皇帝や政治家の名利より出づる帝国主義は、無益の租税と無益の殺人とを以て国民の正義を蹂躙す、社会主義の敵なる所以なり。而も其の帝国や政治家の侵略に対して国家の正義を主張する帝国主義なくば、国民の正義を主張する社会主義は夢想に止まるべし。[15]

と述べている。

《帝国主義》は国家の生存を守るための〈正義〉の主張であり、経済的不平等を一新しようとする《社会主義》は、国民の生存を守るための〈正義〉の主張である。そのため両者は矛盾しない。それどころか、「経済的諸侯」による貪欲な侵入や皇帝や政治家の名利より出た征服、国家生存の目的の範疇を超えて、

国民の生存を守るための〈正義〉である《社会主義》を蹂躙しようとする諸外国の帝国主義から国家を守るのが、北の言う《帝国主義》なのである[16]。

それゆえに北は、「咄、非開戦を云ふ者」の続きの節において、

この帝国主義の包囲攻撃の中に在て国民の正義を主張せむとする社会主義たる者、如何ぞ国家の正義を主張する帝国主義に待たずして其の理想を実現し得むや[17]。

と訴えるのである。彼の考える《帝国主義》は、国民の〈正義〉である《社会主義》を実現させるために不可欠なものであった。何故なら、国家の存在なくして経済的平等を実現することは不可能であり、《帝国主義》はこの国家の自由と独立を守るために存在するからである。

以上のことから、一見して相反する帝国主義と社会主義を繋ぐ概念として、北が提示したのが〈国家〉であったと考えられる。そしてこのような、〈国家〉なくして《社会主義》《帝国主義》は成り立たないとする北の主張は、『国体論』へと引き継がれることとなる。

第二節　『国体論及び純正社会主義』

一　日本が実現すべき《社会民主々義》

『国体論』は前述したように、一九〇六（明治三九）年五月、北が二三歳の時に自費出版した処女作である。第一節で見てきたように、以前から自身が熱烈な《社会主義》者であることを表明していた北は、『国体論』の「緒言」において、

固より微小なる著者の斯ることの任務に堪ふるものに非らざるは論なしと雖も、僭越の努力は、凡ての社会的諸科学、即ち経済学、倫理学、社会学、歴史学、法理学、政治学、及び生物学、哲学等の統一的智識の上に社会民主々義を樹立せんとしたることなり[18]。

と述べ、経済・倫理・社会・歴史・法理・政治・生物・哲学等の総合的見地から、日本が実現すべき理想は、《社会民主々義》をおいて他にないと断言する。

北はこの《社会民主々義》について、「第参編　生物進化論と社会哲学」第五章において、

社会民主々義は社会の利益を終局目的とすると共に個人の権威を強烈に主張す[19]。

と定義しているが、社会の利益と個人の権威という一見して相容れないように思える概念が、なぜ北の言う《社会民主々義》においては共に保障されるのか。

この疑問を解くには、丘浅次郎の『進化論講話』からヒントを得た北独自の歴史認識[20]――文中の言葉を借りれば「生物進化論の一節としての社会進化論[21]」――について説明しなければならない。

生存競争を前提とした生物進化論を人類の歴史に適用することによって社会主義の有用性を説こうとする北は、丘を含む従来の生物進化論者が、個人主義を支持して社会主義を否定することを嘆き、同章において次のように述べている。

吾人は信ず、今の生物進化論は生存競争の単位を定むるに個人主義の独断的先入思想を以てする者なりと。吾人は社会主義を生物進化論の発見したる種属単位の生存競争、即ち社会の生存進化を目的とする社会単位の生存競争の事実に求むる者なり。……生物界を通じて生存競争の単位は彼等個人主義を以て解釈しつゝある者の如く小さき階級の個体のみに非らず。一個の生物は（人類に就きて云へば個人は）一個体として生存競争の単位となり、一種属の生物は（人類につきて云へば社会は）亦一個体として生存競争の単位となる。而して個体には個体としての意識を有す。……何となれば、個人とは空間を隔てたる社会の分子なるが故に而して社会とは分子たる個人の包括せられたる一個体なるが故に個人と社会とは同じき者なるを以てなり。即ち、個体の階級によりて、一個体は個人たる個体としての意識を有すると共に、社会の分子として社会としての個体の意識を有す。[22]

獣の生存競争と異なり、人類の生存競争は「社会の生存進化を目的とする社会単位の生存競争」によって説明されるものであると北は言う。生物界を通じての生存競争の単位は決して小さな階級の個体だけではなく、人類について言えば個人と社会の二つの生存競争の単位があり、個人は個体としての意識を持つと同時に社会の分子であり、社会としての個体の意識を持つ[23]。それゆえに社会と個人はどちらかを取捨するものではなく、共に進化して生存競争に勝たねばならないと説くのである。

ただし、北がより重視していたのは〈個人単位〉の生存競争ではなく、〈社会単位〉の生存競争であった。彼は個人と社会の関係について、「第弐編　社会主義の倫理的理想」第四章において、

故に吾人の純正社会主義が社会進化の為めに個人の自由を尊重すべしと云ふことは、思想信仰は原子的個人に先天的に独立自由に存すと云ふ意味にあらずして、社会進化の為めに個人の自由を尊重する所の社会良心を以て思想の独立信仰の自由を許容すべしと云ふことなり。社会進化の為めに社会良心の内包は偏局的なるべからず、社会の進化を終局目的とすると共に其の目的を達せんが為めに個性の自由なる発展を障害なからしむべし。純正社会主義は此の点に於て明らかに個人主義の進化を継承す[24]。

と説明している。

彼によれば、個人は先天的に自由ではない。しかし個人は社会の分子であると共に個体としての意識を持つのであるから、個人に自由がなければ社会の進化の妨げとなる。それゆえ社会進化のために、社会において自由を尊重する「社会良心」を作り、個人に自由を許容しなければならないのである[25]。

つまり社会進化と言う、より大きな目的のために、個人の自由――北はこれらを対比させて「大我」「小

我」と称した[26]——を保障しなければならないのであり、この点において《純正社会主義[27]》は個人主義の進化を継承するものと論じるのである。

そして、このような観点に立つ北は、この「小我」と「大我」の対比を、《帝国主義》と世界主義、私有財産制と共産社会に適用させて次のように述べる。

百川の海に注ぐが如く社会民主々義は凡ての進化を継承して始めて可能なり。個人主義の進化を承けずして社会主義なく、帝国主義の進化を承けずして世界主義なく、私有財産制度の進化を承けずして共産社会なし。故に社会民主々義は今の世の其等を敵とせずして凡てを包容し凡ての進化の到達点の上に建てらる[28]。

個人主義の進化を受けて《社会主義》が、《帝国主義》の進化を受けて世界主義[29]が、私有財産制度の進化を受けて共産主義があるのだから、《社会民主々義》はそれらを否定することなく、すべてを内包するものであると説明するのである。彼にとって《社会民主々義》こそ、すべての進化を継承してはじめて樹立することができる進化の最終到達点であり、また歴史が進化する限り、当然到達しうるものであった。

では北の言う《社会民主々義》とは具体的にどのようなものか。彼は「第四章　所謂国体論の復古的革命主義」第九章において「日本今日の国体と政体とは社会民主々義なり」と述べ、

以上の概括は下の如くなる。今日の国体は国家が君主の所有物として其の利益の為めに存したる時

代の国体にあらず、国家が其の実在の人格を法律上の人格として認識せられたる公民国家の国体なり。……即ち国家に主権ありと云ふを以て社会主義なり、国民（広義の）に政権ありと云ふを以て民主々義なり[30]。

と説明する。北によれば、《社会民主々義》は主権が〈国家〉にあるという意味で《社会主義》であり、国家の凡ての分子、すなわち君主をも含む広義の国民に統治権を発動する形式（政体）が委ねられるという意味で民主主義であるという。

なぜ主権が〈国家〉にあることが、《社会主義》を意味することになるのか。これには本章第一節で言及した、北特有の国家に対する捉え方が関係している。彼は「緒言」において、

故に、本書は首尾を一貫して国家の存在を否む今の社会党諸氏の盲動を排すると共に、彼等の如く個人主義の学者及び学説を的に鋒を磨くが如き惑乱を為さゞりき[31]。

と述べ、国家の存在を否定する既存の社会主義者を一掃している。

このことから、《社会主義》の目的である経済的平等を実現するためには、公有と分配の主体である〈国家〉の存在が不可欠であると考える、「咄、非開戦を云ふ者」における北の国家に対する捉え方が、『国体論』においても継承されていることが見て取れる。

このような観点に立つ北は、「第四章　所謂国体論の復古的革命主義」第九章において、君主主義・民主主義について次のように批判する。

即ち社会主義の法理学は国家主義なり。故に個人主義時代の法理学に基きて君主々義と云ひ民主々義と云ふことは明かに誤謬なり。従来の如き意味に於て君主々義と云へば利益の帰属する所が君主なるを原則とし、民主々義と云へば国民が終局目的なるを論拠とす。而して各々利益の帰属する所、目的の存する所に権利が存すと云ふ根本思想に於て個人主義なり。[32]

彼からすれば、利益の帰属する所が君主であることを原則とする君主主義も、国民が終局目的であることを論拠とする民主主義も、利益・目的の帰属する権利が、各々、〈国家〉にではなく君主あるいは国民に存在しているという点において個人主義の思想にすぎなかった。そのためこのように考える北は、同章において、

国家が国民の外部的生活を規定するだけの範囲内に於て完全なる自由を有する主権体なることを主張する点に於て社会主義の法理学は国家主義なりと云ふのみ。[33]

と論じる。《社会主義》の目的である経済的平等を実現するためには、〈国家〉の存在を前提とする。そして〈国家〉が公有と分配の主体として正しく活動するためには、〈国家〉に国民の外部的生活を規定しうるだけの自由が与えられなければならない。それゆえに《社会主義》は、利益・目的の帰属する権利主体として、〈国家〉を法理的に保障する国家主権を採らねばならないと述べるのである。[34]

二　国家人格実在論――有機体としての《国家》

以上のことから、北が《社会民主々義》について「主権が国家にあるという意味で社会主義」であると述べた理由が明らかとなった。しかし、〈国家〉が公有と分配の主体であるとは一体どういうことだろうか。北の言う《社会民主々義》を正確に理解するためには、彼の国家観についても言及する必要がある。

北は「第四編　所謂国体論の復古的革命主義」第九章において、次のように説明している。

固より法律学上の人格とは其の実在の人格なると法律の擬制による人格なるとを問はず法律の認識を以て権利の主体なるや否やを決する者なるを以て、国家が実在の人格なりとも其の未だ法上に於て認められざるに於ては主権の本体なりとする能はざるは論なし。而しながら実在の人格が法律に認識せられたる者と、人格なき者が法律の擬制によりて人格を附与せられたる者とは、法律を進化的に攻究する者に取りては決して混同すべからざることなり。[35]

北はここで、「実際の国家が実在の人格であろうと法律の擬制によって附与された人格であろうと、法律学上の人格は、法律の認識によって国家が権利の主体であるか否かを決定するものであるから、法律上において認められない段階においては〈国家〉を主権の本体とすることができないのは言うまでもない」と前置きをしながらも、「法律を進化的に攻究する者」は、この両者を決して混同すべきではないと主張する。

つまり「法律学上の人格」、前述の文と照らし合わせて言い換えれば、利益・目的の帰属する権利主体として〈国家〉を法理的に保障する国家主権が採用されたとき、この主権はもとより実在の人格である国家、法律の擬制によってはじめて人格を与えられた国家、どちらの国家に与えられるのかを判断しなければならないと、ここで指摘しているのである。

では、北の《社会民主々義》において示される国家、「主権が国家にあるという意味で社会主義」の前提としての〈国家〉はどちらを指すのか。北はこの前文において、

故に、吾人は断る根拠なき紛々たる国家主権論者を排して国家人格実在論の上に国家主権論を唱ふる者なり。[36]

と主張していることから、北の言う〈国家〉が、実在の人格である《国家》[37]を指していることが分かる。

では、国家が実在の人格であるとはどういうことか。北は「類人猿から人類が分化した時代から、国家が実在の人格であったことは動かすことのできない事実である[38]」と述べて、その理由について次のように説明する。

国家の人格とは吾人が前きに「生物進化論と社会哲学」に於て説きたる社会の有機体なることに在り。即ち空間を隔てたる人類を分子としたる大なる個体と云ふことなり。[39]

ここで北は、生存競争の単位である社会は一個体としての意識を有すると「第三編　生物進化論と社

会哲学」において説明したのと同様に、常に人類を分子とする社会的団結という形で存在している国家もまた「即ち個体其れ自身の目的を有して生存し進化しつ丶ある有機体[40]」、一個体としての意識を有する有機体であると説明する。そして有機体であるからには、個人や社会と同様に、〈国家〉も不変のものではなく、常に進化する主体として捉えられることになる。

以上のことから、北の言う〈国家〉は、従来の国家主義論者が論じるような法律上の擬制によって附与された人格ではなく、それ自身が意志・目的を持って生存する「進化的生物[41]」であったと言える。

そしてこの《国家》の存在を前提として北が想定する、進化の到達点としての《社会民主々義》は、主権の本体であり実在の人格を持つ「進化的生物」である《国家》が、法的にもその人格を認められ、《国家》の分子である君主あるいは国民が、名実ともに《国家》自身の目的のためにこの主権を行使するもの、と考えられる。では、このような視点に立つ北は、近代国家の成立をどのように説明するのか。

三　北による近代国家の定義

まず北は、近代国家の成立を「家長国」から「公民国家」への進化と説く。彼の言う「家長国」とは、

其の社会的団結は進化の過程に於て中世に至るまで、土地と共に君主の所有物となりて茲に国家は法律上の物格となるに至れり。即ち国家は国家自身の目的と利益との為めにする主権体とならずして、君主の利益と目的との為めに結婚相続譲与の如き所有物としての処分に服従したる物格なりき。……此の国家の物格なりし時代を「家長国」と云ふ名を以て中世までの国体とすべし[42]。

とあるように、君主が自己の目的と利益のために、土地と人民を所有物とした中世までの国体である。彼はここで、「家長国」時代の《国家》は人格が実在するにもかかわらず、君主が統治権の主体として《国家》を私物化していたために、まるで奴隷が人として扱われなかったのと同じように、法律上の事実として、君主の利益のために存在する物格として《国家》が扱われていたと述べている。

これに対して「公民国家」は、

今日は民主国と云ひ君主国と云ふも決して中世の如く君主の所有物として国土及び国民を相続贈与し若しくは恣に殺傷し得べきに非らず、君主をも国家の一員として包含せるを以て法律上の人格なることは論なく、従て君主は中世の如く国家の外に立ちて国家を所有する家長にあらず国家の一員として機関たることは明かなり。即ち原始的無意識の如くならず、国家が明確なる意識に於て国家自身の目的と利益との為めに統治するに至りし者にして、目的の存する所利益の帰属する所として国家が主権の本体となりしなり。此れを「公民国家」と名けて現今の国体とすべし。[43]

とあるように、「家長国」において支配者であった君主をも《国家》の分子とし、《国家》の人格を法律上の人格としても認めるようになった、近代に出現する国体である[44]。「公民国家」においては「家長国」と異なり、《国家》は明確な意識を持って、《国家》自身の目的と利益のために統治するようになる。目的の存する所・利益の帰属する所として名実ともに、《国家》が主権の本体となるのである。

では、前記のような「家長国」から「公民国家」への進化は、いかにして可能となるのか。

北は「第四編　所謂国体論の復古的革命主義」第十四章において、

実に公民国家の国体には、国家自身が生存進化の目的と理想とを有することを国家の分子が意識するまでに社会の進化なかるべからず。即ち国家の分子が自己を国家の部分として考へ、決して自己其者の利益を終局目的として他の分子を自己の手段として取扱ふべからずとするまでの道徳的法律的進化なかるべからず。[45]

と述べている。〈国家〉を、人類を分子とする有機体と捉える彼にとって、この進化には《国家》の分子である国民の進化が不可欠であった。それゆえに分子である国民は、自己を《国家》の部分として考え、決して自己そのものの利益を最終目標として、他の分子を自己の手段として取り扱ってはいけないと考えるほどに道徳的・法律的に進化しなければならないと論じるのである。

つまり、君主を含めたすべての国民が、《国家》が何たるかを知り、自身が《国家》の分子であることを意識――北はこれを「国家意識の覚醒[46]」と称した――してはじめて、《国家》は「家長国」から「公民国家」の段階へと進化することができるのである。

では、北の言う進化の過程に照らし合わせると、日本の近代国家は、どのように評価されるのか。

四　明治維新への評価

北は「第四編　所謂国体論の復古的革命主義」第十四章において、ペリーの来航を「攘夷の声において日本民族が一つの社会・一つの国家であるという国家意識を下層の全分子にまで目覚めさせた[47]」ものと高く評価し、「第四編　所謂国体論の復古的革命主義」第九章において、明治維新を「貴族階級のみに独占された政権を否認し、政権に対する覚醒を更に大多数に拡張せしめたものであり、これによって『万機公論に由る』という民主主義に到達した[48]」ものと述べる。そしてそのうえで、

而して国家対国家の競争によりて覚醒せる国家の人格が攘夷論の野蛮なる形式の下に長き間の統治の客体たる地位を脱して「大日本帝国」と云ひ「国家の為めに」として国家に目的の存することを掲げ、国家が利益の帰属すべき権利の主体たることを表白するに至れるなり。[49]

と維新後の日本を評価する。〈国家〉こそが利益の帰属すべき権利主体であることを世に示した「維新革命[50]」は、まさに北にとって、「家長国」から「公民国家」への進化を意味したのである。

では、「維新革命」後の日本は、北が理想とする《社会民主主義》の体現者であるのか。その答えは否である。北は「第四編　所謂国体論の復古的革命主義」第十四章において、「維新革命は貴族主義に対する破壊的一面のみの奏功にして[51]」と述べ、「維新革命」は「家長国」から「公民国家」への進化を成し遂げたものの、貴族主義を破壊した後の建設的方面については無計画のまま破壊が実行されたと批判する。そして民主主義の建設的本領は、「万機公論による」という宣言、佐賀の乱と西南戦争、そして憲法制定の要求という大運動を経た明治二三年の『大日本帝国憲法』にあると述べ[52]、「民主々義の建設は帝国憲法によりて一段落を画せられたる二十三年間の継続運動なりとす[53]」と論じる。

なぜ彼は『大日本帝国憲法』（以下、『帝国憲法』と略記）を民主主義の建設における画期とみたのか。

北は「第四編　所謂国体論の復古的革命主義」第九章において、

而して今日の凡ての公民国家は明かに法律の明文を以て、或は国民の法律的信念によりて国家の実在の人格を法律上の人格と認むるに至れるなり。[54]

と述べている。〈進化的生物〉である《国家》が、法的にも人格として保障される時代が「公民国家」であると考える彼にとって、明治二三年の『帝国憲法』の施行は、非常に大きな意義を持っていた。それは次の文章からも明確に見てとれる。

最高機関と云ふことが最も高き権限を有する機関と云ふことならば、近代国家の立憲君主政体と名けらるゝ者は君主と議会と合体せる一団が最も高き権限を有する最高機関にして、君主政体にも非らず又共和政体にも非らず[55]

これは、今の国家主権論者が政体を君主政体と共和政体の二つに分類することに対して、このような分類では、日本の立憲君主政体を正当に評価することはできないと批判する文である。

北はここで、現在の政体は、特権を持った一国民（君主、転じて天皇[56]）を統治者とする君主政体でも、平等な国民を統治者とする純粋な共和政体でもなく、特権を持った一分子である天皇と平等な分子である議会によって組織された、最高機関による君民共治の政体[57]であると述べており、その論拠として『帝国憲法』第五条および第七三条を挙げる。

第五条「天皇ハ帝国議会ノ協賛ヲ以テ立法権ヲ行フ」に依拠すれば、議会の協賛が得られなければ立法機関の要素が欠けることになるのだから、天皇単体で立法機関たることはできないと論じ、第七三条「将来此ノ憲法ノ条項ヲ改正スルノ必要アルトキハ勅命ヲ以テ議案ヲ帝国議会ノ議ニ付スヘシ」という条文を根拠に、「君主〔天皇〕と議会と合体せる一団が最も高き権限を有する最高機関」であると断言するのである。[58]

何故この条文が、「君主〔天皇〕と議会を合体せる一団が最も高き権限を有する」という根拠になるのか。それは同章において北が、

而して「最高機関」とは最高の権限を有する機関のことにして即ち憲法改正の権限を有する機関なり。……憲法改正の発案権を有する天皇と三分の二の出席議員と三分の二の多数とを以て協賛する議会とありて始めて最高の立法を為し得る。即ち憲法を改正し得る最高機関たるなり。[59]

と述べているように、彼の言う「最高機関」が、「最高の立法」である憲法の改正権を有する機関を指すからである。このことから北にとっての『帝国憲法』は、《国家》の主権を明示する「最高の立法」であるとともに、特権を持った一分子である天皇と平等な分子である議会によって組織された、「最高機関」による君民共治の正当性を担保するものでもあったと言える。この点において一八九〇（明治二三）年の『帝国憲法』の施行は、北にとって非常に重要な意味を持っていたのである。

では、『帝国憲法』制定後の日本こそ、北が理想とする《社会民主々義》の体現者であるのか。その答えもまた否である。北は、日本の現状について、

実に維新革命によりて得たる法理学上の国家を見て、政治的に国家の現実に眼を転ずるときに於ては、吾人は全く天国より地獄に失墜せるの感あり。吾人は「愛国」の名に於て国家の利益と目的とを中心として行動しつゝあるべき法律的理想と倫理的信念を有すと雖も、是れを経済上の現実より考ふれば吾人は家長国、階級国家時代の如く無数の黄金貴族経済的大名の生存進化の為めに犠牲として取扱はれつゝあり。[60]

と述べ、「維新革命の社会民主々義の法律の上にのみ残して国家は中世に逆倒せり[61]」と論じる。「維新革命」を契機として「公民国家」に進化し、法律上の〈国家〉主権を成し遂げた後も、「家長国」(階級国家)時代と同様に、《国家》が無数の黄金貴族や経済的大名が生存して進化するための犠牲として扱われていることを嘆くのである。

無数の黄金貴族や経済的大名が自己の利益のために《国家》を動かす現状は、北にとって、ようやく『帝国憲法』によって保障された《国家》の人格を破壊しかねないものであった。それゆえに彼はこの現状を打開すべく《経済的維新革命[62]》の必要性を訴えたのである。

五　《経済的維新革命》——普通選挙の導入

では、北の言う《経済的維新革命》とはどのようなものか。彼は「第五編　社会主義の啓蒙運動」第十五章において、社会主義の革命は仏蘭西革命若しくは維新革命の如く主権の所在を動かさんとする、即ち法律の根拠其者を革命する法律以上の実力に訴へらるべき革命にあらずして、確定されたる社会主権の上に社会の意志たる社会的勢力を法律の上に表白すれば足ると。……謂はゞ第一革命の法律的理想と背馳する現今の経済的組織を整頓して理想を現実ならしめば足る。[63]

と述べる。

日本において、法理学上の《社会民主々義》はすでに『帝国憲法』制定によって成し遂げられている。そのため《経済的維新革命》は、旧時代の法律によって定められた主権の所在を動かすために、法律以上の実力に訴えなければ成し遂げられなかったフランス革命や維新革命のように、武力によって歴史の頁を血に染めるものではない。法律に基づいて「社会の意志たる社会的勢力を法律の上に表白」し、それによって《国家》の人格を否定する現状の私有財産制度を廃棄し、経済的源泉である土地・資本の国有化を進める、これが北の考える《経済的維新革命》であった。

では、「社会の意志たる社会的勢力を法律の上に表白」するためには、具体的にどうすればよいのか。同章には、

実に維新革命の理想を実現せんとする経済的維新革命は殆んど普通選挙権其のことにて足る。[64]

とあり、普通選挙権を獲得すれば足りると論じている。つまり《経済的維新革命》を実現する方法として、〈普通選挙の導入〉が説かれるのである。

普通選挙の導入については、北の初期論説「政界廓清策と普通選挙」でも触れられている。ただし、本章第一節でみてきたように「政界廓清策と普通選挙」においては、普通選挙の導入は、主として腐敗する政界に対する打開策として取り上げられていた。普通選挙を導入した結果として「富豪の庭園」と化している帝国の現状が打開されることも想定しうるが、前述したように、普通選挙の導入が国家に与える影響については明確にされておらず、この点において『国体論』に見られる北の主張とは若干異なるものがある。

しかしこの「政界廓清策と普通選挙」における北の視点、現状を「百万人の上流階級によって支配されている専制政治」と捉え、この現状を改善するために「恒久的な財産を持たず、国政の得喪に死活する四千四百万人の民衆が選挙権を得ること」が肝要であるとする視点は、ここで述べられている《経済的維新革命》にも共通する。

北は、権力の経済的源泉である土地・資本を占有する百万人の上流階級、「無数の黄金貴族や経済的大名」による制限選挙でなく、〈普通選挙の導入〉によって、「国政の得喪に死活する四千四百万人の民衆」が、投票という形で《国家》の意志を体現する機会を得れば、国体は自ずから経済的階級国家から経済的公民国家へと進化すると考えていた。

彼は、「第三編　生物進化論と社会哲学」第八章において、

個人の権威が始めは社会の一分子に実現せられたる者より平等観の拡張によりて少数の分子に実現を及ぼし、更に平等観を全社会の分子に拡張せしめて茲に仏蘭西革命となり維新革命となり、「個人の自由は他の如何なる個人と雖も犯す能はず」と云へる民主々義の世となれり。[65]

と述べている。「家長国」時代において個人の権威は社会の一分子によってのみ実現されていたが、〈平等観の拡張〉によりそれが全社会の分子に伝播する。その結果、全ての国民が国家の一分子であることに覚醒して革命が起こり、「公民国家」へと進化する。「公民国家」に進化すれば、《国家》が主権者であることが憲法によって保障され、一個人の利益のために他の個人が犠牲にされてはならないと国民が自覚する民主主義の世となる。[66]

このように国家・社会の段階を進化論的に考える北にとって、『帝国憲法』によって《国家》主権が保障された今の国体において、平等と自由に基づく社会となることは自明のことであった。そして平等と自由に基づく社会は、経済的源泉である土地・資本の占有を許さず、必ずこれを〈国家〉に吸収させて「無数の黄金貴族や経済的大名」による事実上の政権独占を打破する。

つまり普通選挙を導入しさえすれば、経済的にも利益の帰属する主体が《国家》となり、四千四百万人の民衆が百万人の上流階級に同化[67]して国民全体が経済団体となり、経済的階級国家が消滅することになる。

北は、『帝国憲法』の制定に続き、普通選挙を導入することにより、彼の考える《社会民主々義》の理想を実現させようとしたのである。

おわりに

以上のことから、北の中国革命に関与する以前の《革命》構想については、次のように説明できる。『国体論』における北は、「維新革命」を、日本の国家を「家長国」から「公民国家」へ進化させたものとして高く評価する。彼の論によれば、国家は意志・目的を持つ実在の人格であると同時に、国民を分子とする有機体でもあった。それゆえに、この《国家》が実在の人格として動くためには、その前提として分子である国民の理解が不可欠であったが、「維新革命」前の日本では、残念なことに《国家》の分子である国民の大半がそのことを知らず、長い間《国家》は物格として扱われてきた。これが一変するきっかけがペリーの来航である。

国家存亡の危機によって、我が国のすべての国民が、《国家》が何たるかを知り、自身が《国家》の分子であることを意識（＝《国家意識の覚醒》[68]）するようになった。そして《国家意識の覚醒》によって維新革命がなされ、『帝国憲法』の制定によって、日本は法律的にも《国家》を実在の人格として認めるようになったと説明するのである。しかし法律的に《国家》が人格として認められたとしても、まだ北が理想とする《社会民主々義》が実現できたとは到底言えない。何故なら「無数の黄金貴族や経済的大名」によって国政が担われており、実質的に彼等によって国家が私物化されているからである。

ではこれを変えるためにはどうすればよいのか。北は普通選挙を導入すれば足りると断言する。《国家意識の覚醒》によって『帝国憲法』の制定がなされた今、国家・社会の段階を進化論的に考える北にとって、平等と自由に基づく社会となることは自明のことだったからである。

第二章■孫文の革命前夜——辛亥革命の根本義

はじめに

前章においては、北一輝が一九〇六（明治三九）年に執筆した『国体論』およびそれ以前に彼が『佐渡新聞』に投稿した「政界廓清策と普通選挙」、「咄、非開戦を云ふ者」の初期論説二点の分析を通して、《社会民主々義》を理想とする北の、辛亥革命に関与する以前の《革命》構想について明らかにした。

国家を実在の人格・進化の主体として捉える北が提示する『国体論』は、《国家意識の覚醒》を背景として〈法律上の〉維新革命を成功させた日本の一般民衆に、彼が理想とした《社会民主々義》の世を現実化させるべく、〈経済上の〉維新革命の必要性を訴えた、革新的な指南書であったと言える。それは北自身が『国体論』の「緒言」において、

著者は潜かに信ず、若し本書にして史上一片の空名に終るなきを得るとせば、そは則ち古今凡べての歴史家の挙りて不動不易の定論とせる所を全然逆倒し、書中自ら天動説に対する地動説といへる如く歴史解釈の上に於ける一個の革命たることに在りと。[1]

と述べ、『国体論』を「歴史解釈の上に於ける一個の革命」と自賛したことからも伺える。

しかし、既存の君主主権論者や国家主権論者の法理をことごとく否定する、この北の『国体論』は、河上肇、片山潜、福田徳三等から高い評価[2]を受ける一方で、東京日日新聞から、厳しい批判を受けることとなった。

東京日日新聞は、同社も言論の自由を欲する立場であり、憲法上における言論の自由は寛大に解釈されるべきであると前置きをしながらも、「然も事既に我国体に関する議論なる以上、又言の我皇室に対及せる以上、吾人は臣民の一部として又教育を受けたる紳士の一楷として、相当の敬意礼貌を表示せざるべからざるや論を待たざる処なり」[3]と述べ、我が国の基礎である国体と教育上の本義にかかわる北一輝の『国体論』は、その内容を精査して発禁処分にすべきだと主張したのである。この東京日日新聞の主張がきっかけとなり、刊行後一週間を経ずして『国体論』は発禁処分となる。[4]

北は後日、発禁処分となった『国体論』を世に出す苦肉の策として、「有機的統一のもの壊れて肉塊の手となり骨片の足となる。霊の宿れるなし」[5]と評しながら、法規に触れない部分だけを分冊し出版することを試みたが、これも発行日前日に発禁処分となる。[6]このような、「歴史解釈の上に於ける一個の革命」と自負した『国体論』の度重なる発禁処分は、北にとって一般国民を啓蒙する機会を失ったことと同義であった。

彼はこの後、日本における《革命》に一旦見切りをつけ、以後中国とのかかわりを深めていくこととなる。[7]一九〇六（明治三九）年一一月、宮崎滔天が主宰する革命評論社からの招聘により同人となり、[8]次いで一二月に中国同盟会に入党。[9]また黒龍会の客分として機関誌『内外時事月函』の編集を手伝っていたことから、辛亥革命の勃発に際して中国に派遣され、現実の革命とそれに伴う中国の変容を目の当たりにするのである。

第二章では、北一輝が直視したこの現実の革命、辛亥革命が起こった中国に舞台を移し、中華革命党結党時期の孫文の《革命》構想を分析する準備段階として、孫文率いる革命派の、辛亥革命以前の《革命》構想[10]に焦点を当てる。

辛亥革命以前、〈革命〉の必要性を訴え続けた同盟会の機関紙『民報』[11]上で展開された孫文ら革命派の《革命》構想は、生涯を通して〈革命〉を論じ続けた孫文の原点となる構想である。そもそも孫文はなぜ、十数回に渡る蜂起の失敗にもかかわらず、中国における《革命》の必要性を訴え行動を起こし続けたのか。彼は《革命》を起こすことによって一体何を変えようとしたのか。本章では、この問いを解くために、梁啓超の《改革》構想をその比較対象とする。

なぜ辛亥革命以前の孫文ら革命派の《革命》構想に着目して論じるうえで、梁啓超の《改革》構想を取り上げ、比較対象とするのか。それは梁啓超が主筆を務めていた『新民叢報』[12]が、革命派の機関紙である『民報』と、〈革命〉か〈改革〉かを争って紙面上で激しい論戦[13]を繰り広げており、この論戦を通じて、孫文ら革命派の《革命》構想がより明確に打ち出されていったからである。

また孫文ら革命派の《革命》構想を比較するうえで、梁啓超の《改革》構想を取り上げることは、序章で提示した、なぜ孫文が変革・反乱・内戦・クーデターではなく〈革命〉を求めたのか、辛亥革命とは一体何であったのかという問いにも繋がる。

このため、本章では、孫文率いる革命派と改革派を代表する梁啓超の、〈革命〉か〈改革〉かをめぐる思想的対立に焦点を当て、この思想的対立と現実の辛亥革命とのかかわりについて考えたい。そしてそのうえで、彼らの主張の違いから、辛亥革命以前の孫文ら革命派の《革命》構想について分析する。

第一節　清末憲政から辛亥革命へ

一　清末憲政と梁啓超

一九〇五（光緒三一）年、西欧列強による分割の危機に瀕していた中国に大きな転機が訪れる。日露戦争における日本の勝利である。

日露戦争はその名の通り、日本とロシアとの戦争であったが、中国の東北部が実際の戦場となったため、その戦局の行方は中国社会の大きな注目を集めていた。それゆえに、アジアの一小国である日本が大国であるロシアに勝利したことは、度重なる敗戦に疲弊していた中国社会に大きな衝撃を与えた。

当時の中国知識人らはこの戦争を、専制ロシアと憲政日本の戦いとして見ており、日本が大国であるロシアを下して勝利することができたのは、明治維新後に日本が立憲制を導入したからであると結論づけ、中国においても立憲制を導入することを、さかんに議論するようになる。

彼らの動きは、中国において政権を一手に握っていた清朝をも動かした。一九〇五年七月一六日（光緒三一年六月一四日）、清朝は「五大臣出洋考察憲政」の上諭を公布する。諸国の立憲制を考察することを目的として、載澤・戴鴻慈・端方・李盛鐸・尚其亨ら五大臣から成る考察団を、各国に派遣したのである。

これについて西太后は、「立憲は、我が満州王朝の基礎を永久確固たるものにし、在外の革命党もこれによって滅亡させることができる。調査の結果を待ち、〔導入するのに〕差し支えがなければ、必ず実行することを決意すべし[14]」と表明し、立憲制の導入に意欲を示している。それぞれ欧米と日本を訪問した考察団は、帰国後に各国の政治・軍事・教育・社会・文化・法律をまとめた報告書を提出した。

これを受けた朝廷は、一九〇六年九月一日（光緒三二年七月一三日）、「憲政の大権は、朝廷が統治し庶政は広く与論に基づき、これによって国家万年の有道の基を確立する。ただし目下のところ規則は未だ備わらず、民智は未だ開けていないため、もし急いで事を進め、徒に空文を飾ることになれば、どうして国民に対して大信を明らかにすることができようか。ゆえに積弊を粛清し責成を明定するには、必ず官制改革から着手しなければならない。[15]」と述べる「予備立憲」の上諭を公布する。

これによって、清朝の下で憲政を実現すること、実現にあたって官制改革から始めることが明文化され、翌七年九月二〇日（翌三三年八月一三日）には、国会の準備機関として資政院、同年一〇月一九日（九月一三日）には、省単位の地方議会にあたる諮議局を設立する旨の上諭が公布されている。

さらに翌八年八月二七日（翌三四年八月一日）、清朝は君上大権一四条、臣民権利義務条項九条からなる「欽定憲法大綱[16]」を公布し、国会を召集する光緒四二年までの間に、具体的な細目について漸次整備することを定めた。清朝主導の立憲制がここに明示されたのである。

このような清朝の動きに対して、いち早く反応し行動を起こした知識人がいる。政治論・歴史論・教育論などあらゆる分野で立憲政治の論陣を張り、孫文ら革命派と対立した梁啓超である。

号外によって「予備立憲」の上諭がなされたことを知った彼は、当時『新民叢報』の編集責任者をつとめていた蔣智由（観雲）に宛てた書のなかで、

従此政治革命問題、可告一段落。此後所当研究者、即在此過渡時代之条理何如。[17]

（これ〔「予備立憲」の上諭が公布されたこと〕によって政治革命の問題は一段落を告げた。今後研究すべきは、この過渡時代の条理はいかにあるべきかということである。）

と述べた。梁啓超は、「予備立憲」の上諭の公布を一つの時代の終わり、新しい時代の到来を告げる重要な画期であると評価したのである。なぜ彼は、この上諭の公布を〈重要な画期〉と捉えたのか。そして彼の言う「政治革命の問題」や「過渡時代」とは一体何であるのか。

二　梁啓超の《開明専制》論

梁啓超は一九〇一（光緒二七）年に発表した「中国積弱遡源論」の「第一節　積弱之源於理想者」のなかで、中国の人民について、

数千年之民賊、既攘国家為己之産業、執国民為己之奴隷、会無所於做、反得援大義以文飾之、以助其凶焔、遂使一国之民、不得不転而自居於奴隷。[18]

（数千年間民賊〔人民を害する暴君。転じて専制君主〕は、国家を盗んで自分の財産となし、国民を拘留して奴隷としても少しも恥じないばかりか、かえって大義を援用してその行為をごまかし、国民悪政を助長し、ついには一国の民を自ら奴隷に甘んじさせるようになってしまった。）

と述べ、続く「第二節　積弱之源於風俗者」のなかで、中国積弱の一の原因として、中国人民の「奴性」

（奴隷根性）を挙げている[19]。

梁啓超にとって、自らを奴隷視して現状に甘んじ、専制政治を変えるために自発的に動こうとしない中国人民の現状は、耐えがたいものであった。それゆえに彼は、中国人民に戒告すべく雑誌『新民叢報』を公刊する。

一九〇二年二月八日（光緒二八年正月一日）に横浜で刊行されたこの『新民叢報』は、清末変法運動の中心的人物の一人であった黄公度（黄遵憲）から「『清議報』は『時務報』よりはるかに勝っていましたが、今の『新民叢報』もまた『清議報』に勝ること百倍です[20]」と賞賛され、また胡適からも「あの時代にかかる文章を読んで、彼から興奮と感動とを受けぬものは一人もなかった[21]」と高い評価を受けている。このように高い評価を受けた『新民叢報』とはどのようなものだったのか。

『新民叢報』の創刊号には、その趣旨が次の三点に集約され、掲載されている。

一、本報取大学新民之義、以為欲維新我国、当先維新我民。中国所以不振、由於国民公徳欠乏、智慧不開、故本報専対此病而薬治之、務採合中西道徳以為徳育之方針、広羅政学理論、以為智育之原本。

一、本報以教育為主脳、以政論為付従、但今日世界所趨重在国家主義之教育、故於政治亦不得不詳。惟所論務在養我国家思想、故於目前政府一二事之得失不暇沾沾詞費也。

一、本報為我国前途起見、一以国民公利公益為目的、持論務極公平、不偏於一党派、不為灌夫罵坐之語、以敗壊中国者、咎非専在一人也。不為危険激《ママ》烈之言、以導中国進歩当以漸也[22]。

（一、本報は『大学』の「新民」の義を取り、わが国を維新するために、まずわが民を維新する。中国が不振であるのは、国民に公徳が欠如し、智恵が開かれていないからである。それゆえ、本報はもっぱらこの病《やまい》に治療を施すべく、中国と西洋の道徳を併せ取って徳育の方針とし、政治や学問の理論を広く網羅して、智育の根本とするよう努める。

一、本報は教育を主眼とし、政論を副次とする。しかし、今日の世界が重きを置くのは国家主義の教育であるから、政治の方面についても詳《つまび》らかにせざるを得ない。ただ、論ずる内容は我々の国家思想を養うことに力を入れるため、政府の目下の施策について、いちいちやかましく口出しする暇はない。

一、本報はわが国の前途のため、ひとえに国民の公利公益を目的とする。持論はきわめて公平であることを心がけ、一党一派に偏しない。灌夫罵座の言辞を吐かないのは、中国をダメにした罪が誰か一人にあるわけではないからである。危険激烈の言辞を吐かないのは、中国の進歩を導くのは「漸《ゆるやか》」によるべきだからである。）

この趣旨から梁啓超が「中国と西洋の道徳」と「政治や学問の理論」、すなわち徳育と智育を身に付けた《新民》の創出により中国の維新を図ろうとしていたことが分かる。この論の核となったのが、『新民叢報』の第一号から第七二号までに、二六回に渡って掲載された「新民説」である[23]。

彼は一九〇二年二月八日（光緒二八年正月一日）刊行の『新民叢報』第一号に掲載した「新民説」の「第二節　論新民為今日中国第一急務」において、

西哲常言、政府之与人民、猶寒暑表之与空気也。室中之気候、与針裏之水銀、其度必相均、而糸毫不容假借。国民之文明程度低者、雖得明主賢相以代治之、及其人亡則其政息焉。譬猶厳冬之際、置表於沸水中、雖其度驟升、水一冷而墜如故矣。国民之文明程度高者、雖偶有暴君汚吏、虔劉一時、而其民力自能補救之而整頓之。譬猶溽暑之時、置表於氷塊上、雖其度忽落、不俄頃則氷消而漲如故矣。[24]

（西洋の哲学者が良く言うことには、必ず一致して些かの違いも生じない。国民の文明の程度が低ければ、室内の気温と寒暖計の表示は、政府と人民の関係は、寒暖計と空気のようなものであると。例え賢明な君主・宰相が国を治めたとしても、その君主・宰相が亡くなると直にその統治も終息する。厳冬の時に寒暖計を沸騰した湯のなかに置くと、たちまち温度が上昇するが、冷めると以前のように戻ってしまうのと同じである。国民の文明の程度が高ければ、例えたまたま暴君汚吏によって暴政が一時的に行われたとしても、その民の力によって自ら補い助け、粛正することができる。酷暑の時に寒暖計を氷の上に置くと、たちまち温度が下がるが、しばらくして氷がとければ以前の温度に戻るのと同じである。）

と述べている。西洋の書物に通じていた梁は、政府（政治）の善し悪しは国民によって決定づけられるものであると確信していた。そのため、彼は前文に続けて、

然則苟有新民、何患無新制度、無新政府、無新国家、非爾者、則雖今日変一法、明日易一人、東塗西抹、学歩効顰、吾未見其能済也。夫吾国言新法数十年而効不覩者何也。則於新民之道未有留意焉者也。[25]

（仮にも新たになった民がいるとすれば、どうして新制度・新政府・新国家が無いと憂えることがあるだろうか。もしそうでなければ〔新たになった民がいなければ〕、例え今日に法が変わり、明

日に君主が代わっても、むやみに書き散らして本質を知らず、歩を邯鄲に学び、顰にならうのと同じように〔真似をしても身にならず〕、私は役に立たないと思う。我が国が新法〔変法〕を言って数十年がたつにもかかわらず、未だその効果が見られないのは何故だろうか。すなわち民が新たになる道に今まで留意してこなかったからである。）

と述べ、中国人民が自らを新たにすることがない限り、例え政治制度がいかに発展したとしても根づかないと論じたのである。梁啓超にとって、人民は国家の土台を支える礎であった。それゆえに彼は、国を根本的に改革して新国家を作り出すためには、自らを新たにする民、《新民》[26]の創出が必要不可欠であると訴えたのである。

では梁啓超が言う《新民》とは具体的にどのようなものか。彼が「新民説」で論じたテーマは多岐に渡るが、梁の最大の目的は、中国人民を〈国民〉に進化させることであった。

梁は一九〇二年三月二四日（光緒二八年二月一五日）刊行の『新民叢報』第四号に掲載した「新民説」の「第六節　論国家思想」において、

耗矣哀哉、吾中国人之無国家思想也。其下焉者、惟一身一家之栄瘁是問、其上焉者、則高談哲理以乖実用也。[27]

（哀しむべきことは、我々中国人に国家思想が無いことである。下の者はただ自身や家族の盛衰のみを考え、上の者は声高に哲理を話して実用とは離れている。）

と述べ、

人群之初級也、有部民而無国民。由部民而進為国民、此文野所由分也。部民与国民之異安在、曰群族而居、自成風俗者、謂之部民。有国家思想、能自布政治者、謂之国民。[28]

（社会の初級には、部民がいて国民がいない。部民が進化して国民となるのは、文明と野蛮の分かれるところである。部民と国民の違いはどこにあるのか。群れて集まって住むうちに自然と風俗を形成する者を部民と言い、国家思想を抱いて自ら政治を行えるものを国民と言う。）

と論じている。梁啓超にとって、中国人民は未だ《部民》の段階にある者、〈「国家思想」を持たない者〉として映っていたのである。[29]

では何故中国人民は「国家思想」を持たなければならないのか。彼は前文に続けて、

天下未有無国民而可以成国者也。国家思想者何、一曰対於一身而知有国家、二曰対於朝廷而知有国家、三曰対於外族而知有国家、四曰対於世界而知有国家。[30]

（世のなかで未だ国民なくして国家が成立したことはない。国家思想とは何か。第一に一身〔個人〕に対して国家が存在すると理解していること、第二に朝廷に対して国家が存在すると理解していること、第三に外族〔他の民族〕に対して国家が存在すると理解していること、第四に世界に対して国家が存在すると理解していることである。）

と述べている。ここで梁が「国家思想」の第一段階として挙げている「一曰対於一身而知有国家」とは、わが身のうえにさらに大きくて重要なもの――国家――が存在していることを理解することである。

彼はこの第一段階について、「対内的には、平時には分業によって助け合わなければ、一人だけで全ての仕事を請け負うことは絶対に不可能である。対外的には、危急の際には皆で対策を練って力を合わせて国を守り、侮りに抵抗しなければならないので、なおさら一人の力では生命を守ることができない[31]」と述べ、それゆえに「一人ひとりの人間が我が身だけ頼っていてはだめだと気づいた時、はじめて国家の必要性を理解するのである[32]」と説明している。

つまり、個人が国家の存在を認識し積極的にかかわろうとしてはじめて、国家は〈国家〉たり得る。それゆえに梁の論によれば、「国家思想」を持つ《国民[33]》なくして国家は成り立たないのである。

このように考える梁啓超にとって、武力革命によって清王朝を打倒すると同時に立憲制を導入しようとする孫文ら革命派の主張は、全く受け入れられないものであった[34]。彼は一九〇六(光緒三二)年の一月から三月にかけて刊行した『新民叢報』の第七三・七四・七五・七七号において「開明専制論[35]」を掲載し、「第八章　論開明専制適用於今日之中国」において、

吾於是復得一前提曰、今日中国国民未有可以行議院政治之能力者也。吾於是敢毅然下一断案曰、故今日中国国民非有可以為共和国民之資格者也。今日中国政治非可採用共和立憲制者也[36]。
(私はここにまた一つの前提を得る。それは今日の中国国民には未だ議院政治を行なう能力がないということである。私はここに敢えて毅然として一つの判定を下す。ゆえに今日の中国国民は共和国民たり得る資格を有していない。今日の中国政治は共和立憲制を採用すべきではない。)

と論じている。

アメリカ・フランス・スイスの政治制度に精通していた梁啓超によれば、共和立憲国は形式上に多少の差異はあっても、必ず議院政治に帰着するものであった。そのため彼は、議院政治を行い得る能力のある《国民》でなければ《共和国民》[37]たり得る資格を持っているとは言えないと説明し、今の中国では「共和立憲制」を採用すべきではないと論じる。そして、同年四月二四日（旧暦四月一日）に刊行された『新民叢報』第七九号に掲載した「答某報第四号対於新民叢報之駁論」[38]において、

夫吾之持論、謂一二十年内、我国民万不能遽養成共和資格[39]。

（私の持論を言えば、一・二十年の内は、我が国民が急いで共和資格を養成しようとしても決してこれを養成することはできない。）


と断言する。

前述したように、中国では未だ人民が《部民》の段階にあると捉えていた梁啓超は、《共和国民》たる資格を養成する以前の段階、「国家思想」を有する《国民》を創出する段階にある現在の中国では、〈「共和立憲制」の確立〉は到底不可能であると考えていた。それゆえに梁は、共和資格を養成するには数十年待たねばならないと述べて、

亦必在開明専制時代或君主立憲時代。若非在此時代、則非惟数十年不能。即数百年亦不能也[40]。

（〔共和資格を養成するには〕必ず開明専制時代あるいは君主立憲時代が必要である。もしこの時代

を経ることがなければ、〔共和資格は〕数十年たっても養成できないばかりか、数百年かかっても養成できないだろう。）

と論じる。「開明専制時代」或いは「君主立憲時代」を経て、遠い将来に中国国民が《共和国民》たる資格を持ったその時にこそ、「共和立憲制」を採用すべきであると主張したのである。

では梁の言う《開明専制》とは具体的にどのようなものか。「開明専制論」の「第三章　釈開明専制」においては、次のように説明されている。

由専断而以不良的形式発表其権力、謂之野蛮専制。由専断而以良的形式発表其権力、謂之開明専制。[41]
（専断によって不良の形式で其の権力を発表することを、野蛮専制という。専断によって良の形式で其の権力を発表することを、開明専制という。）

つまり簡潔に言えば、《開明専制》とは良い形での専制を指す。梁はこの《開明専制》を、国家機関の行動が極めて自由・迅速であり国家の利益と人民の幸福に大きく影響を与えるもの[42]と定義し、中国史では、斉の管子（管仲）、鄭の子産、越の句践、趙の武霊王、戦国時代の秦の商君（商鞅）、蜀漢の諸葛亮、前秦の王猛、宋の王安石、西洋史ではスパルタの執政官のリュクルゴス、ローマの執政官のカエサル、一七世紀フランス宰相のリシュリューやコルベール、イギリスのクロムウェル、ロシアのピョートル一世、一八世紀プロイセンのフリードリッヒ一世・二世、オーストリアのマリアテレジア、フランスのナポレオン一世、一九世紀プロイセンのビスマルク等[43]、多くの先例を挙げて、《開明専制》が実行されてきたと説明している。

そのため、高柳信夫氏は「梁啓超『開明専制論』をめぐって」において、

上述の〔専制の客体の利益を基準とする〕「開明専制」の定義と、これらの諸例に共通する要素を併せ見た場合、「開明専制」とは、「優れた指導者が、国家・国民の利益のために、強力なリーダーシップを発揮し、国力の強化を実現する政治」という程のものであり、それは、政治体制の類型の一つというより、国家の指導者の心構えや資質に還元される事柄でしかないかのような印象を与える。[44]

と述べ、梁が目指した《開明専制》がいかなる体制であったのかという具体的なイメージはほとんど与えられていないと指摘している。

確かに前述した先例は多岐におよび、ここからは《開明専制》の具体的なイメージは読み取れない。しかし前述したように、梁啓超は「答某報第四號対於新民叢報之駁論」のなかで、「開明専制時代」或いは「君主立憲時代」を経なければ、「共和立憲制」を実現することができないと述べている。このことを考えれば、梁の言う《開明専制》は、少なくとも〈「共和立憲制」の実現に繋がるもの〉でなければならない。また「開明専制時代」が「君主立憲時代」と同列に述べられていることから、この二つは実質的に近いものであると推測し得る。

では《開明専制》は「共和立憲制」実現との関係において、どのように位置づけられるのか。

梁啓超は、「開明専制論」の「第八章　論開明専制適用於今日之中国」において、

中国今日、固号称専制君主国也。於此而欲易以共和立憲制、則必先以革命。然革命決非能得共和而反以得専制[45]。

（中国は古来より専制君主国である。それゆえに共和立憲制に換えようとすれば、必ず革命が起こる。しかし革命では決して共和を得ることができず、却って専制を得るだけである。）


と述べて、今日の中国は絶対に「共和立憲制」を実行できないと断じただけではなく、現段階の中国では、立憲制そのものを導入すべきでないと論じる。何故なら、中国人民のなかに、未だ議院を正しく機能させるに足る能力を持つ者がいないからである。彼は、立憲制で最も重要なものの一つが議院の開設であり、立憲君主国において、議院は君主が任命した政府を監督・補助する立場にあると述べ[46]たうえで、

議員品格卑、而地位乃汚蔑矣。議員見識陋、而勢力乃陵夷矣。夫偶被汚蔑、偶見陵夷、似未甚為害。数年後久習之而改良焉、毋乃亦可。而不知其影響往往牽及憲法也。即不牽及憲法、而苟使政府与国民有藐議会厭議会之習慣、其於立憲之精神、已大刺謬也[47]。

（議員の品性が卑しければ、その地位は汚される。議員の見識がお粗末ならば、その勢力は次第に衰えていく。たまに〔地位が〕汚されたり、〔勢力が〕衰えたりするのであれば、そんなに害にはならないのかもしれない。数年後にこの久しい習慣〔前節に「わが中国では人民の程度が幼稚であり、議事の場で振い刀を抜くことがしばしば見られた」とする一文がある〕を改良することも、むしろ可能かもしれない。しかしその影響が知らずしてしばしば憲法にも及ぶのである。たとえ憲法にまで及んでいないとしても、もし政府と国民に議会を軽視したり嫌悪したりする習慣があれば、それ

は立憲の精神に大いに背くことになる。）

と論じている。立憲制を導入するには、単に議会を招集し、憲法草案を作成するだけでは足りない。議会を開き憲法を制定するにあたり、政府を完全・正当に監督し補助するに足る資格を身につけることが必須である。そのため先にこの資格の養成を急ぐべきであって、軽々しく憲法を公布したところで将来に渡る害悪を生むだけで、決して実行できない。ゆえに現段階の中国では、「共和立憲制」だけでなく立憲制そのものを、即座に導入すべきでないと説明するのである。

では、「共和立憲制」も「君主立憲制」も現況の中国に適していないとするならば、どうすればよいのか。ここで登場するのが《開明専制》である。

梁啓超は、第八章の最後の段落に次のような一節を記している。

苟欲其規模粗具者、雖在承平之時、有一強有力之中央政府、網羅一国上才以集其間、急起直追、殫精竭慮、汲汲準備、而最速猶非十年乃至十五年不能致也[48]。

（仮にもあらかたの体制を備えようして、平和がうちつづく時に、強力な中央政府があり、そのうちに国の優秀な人材をことごとく集め、すばやく行動を起こして〔西洋に〕追いつけるように努力し、精力思慮をつくして、必死に準備したとしても、もっとも早くてもなお十年から十五年かからないと〔立憲は〕達成できない。）

ここで彼が言う、強力な中央政府による立憲制の準備[49]こそ、梁が中国で導入しなければならないと考える《開明専制》である。つまり、梁啓超の言う《開明専制》は、「君主立憲時代」に必要とされる資格を養成する時代、憲法の制定を前提とした「君主立憲時代」に備える過渡期と位置づけられているのである。

このように考えていた梁啓超にとって、一九〇六年九月一日（光緒三二年七月一三日）に公布された清朝政府による「予備立憲」の上諭は歓迎すべきものであった。もちろん清朝側の意図もあり、これが梁の考える《開明専制》そのものであったとは到底言えない。

しかし梁啓超は「予備立憲」の上諭を、明治維新における「五箇条の御誓文」と同等の意味を持つものとして捉えており、公式の宣言として清朝から発せられたものである以上、清朝側の意図に拘らず、この上諭によって清朝の行動を拘束することが可能であると考えていた[50]。彼は、「予備立憲」の上諭を、国会が君主を監視し制御する体制を整えるための第一歩であると捉え、この上諭が公布されたその事実に対して、大きな意義を見出していたのである。

梁啓超はこの翌年、清末の立憲運動が実際に展開される一九〇七（光緒三三）年になると、政府に責任を持たせるために速やかに国会を開設しなければならないとする「国会速開論[51]」を唱えて、国会制度の実施・責任政府の樹立・請願運動を通じた憲政の実現を綱領とする政治団体「政聞社」を東京で結成し、中国における改革運動を精力的に展開していくこととなる[52]。

しかし梁啓超の奮闘にもかかわらず、清朝下における立憲改革は中国社会に根づかなかった。一九一一年一〇月（宣統三年八月）、武昌起義を発端として各地で革命の機運が高まり、清朝は滅亡への道を辿ることになる。

第二節　革命派の辛亥革命以前の《革命》構想

一　辛亥革命とは何か

なぜ清朝下における立憲改革は失敗に終わり、革命が起こったのか。この疑問に対し、従来の研究においては、清朝の立憲制準備に伴う諸措置による社会不安、資政院・諮議局の設立による県以下の地域性の構造的変化や省の自律性の増大、鉄道の国有化と外国からの借款、皇族内閣の出現による清朝への失望などが指摘されてきた。

しかし、これらの研究成果をいくら積み上げても前述した問題の根本的な解明には直結しない。なぜならこれらの要因は、いずれも人々が清朝主導の改革に失望し暴動を起こしたことの説明にはなり得ても、それがなぜ〈革命〉にまで発展したのか、という説明には不十分だからである。

では中国において、暴動が暴動のままに終わらず、〈革命〉にまで発展した理由は何であったのか。この点について、ジョセフ・W・エシェリック氏は、

革命が湖北を越えて広がったのは新軍と立憲派の支持ゆえであり、その結果、二カ月も経たないうちに一〇省が清からの独立を宣言し、満州王朝の運命が定まったのである。[53]

と述べ、一九一〇年時点では湖北最大の革命組織にはわずか二四〇名余りのメンバーしかいなかったに

もかかわらず、一九一一年の秋までに多くの報告が、革命党員の人数を三〇〇〇名から五〇〇〇名としていることを指摘[54]している。また著書『立憲派与辛亥革命』において、中国各地における辛亥革命前後の立憲派の動静を分析した張朋園氏も、革命の成功は立憲派の貢献によるところが大きいと論じている。[55]つまり、辛亥革命が成功するに至った最大の要因は、中国各地において、新軍と立憲派が革命を支持したことにあったと言える。

しかし、そうであれば新たな疑問が浮上してくるのではないだろうか。革命を実行するに際して、清朝側の正規軍であった新軍と清朝下での立憲君主制の実現を目指していた立憲派は最大の敵であったはずである。その彼らを取り込むことができた、孫文率いる革命派の〈革命〉とは一体何であったのだろうか。

二　孫文ら革命派の《革命》構想

孫文は一九〇六（光緒三二）年、『中国同盟会革命方略』の「軍政府宣言[56]」のなかで、

維我中国開国以来、以中国人治中国、雖間有異族簒据、我祖我宗常能駆除光復、以貽后人。[57]
（我が中国は開国以来、中国人によって中国を治めてきた。時として異民族に簒奪・占領されたとしても、我が祖先は常に〔異民族を〕駆除し〔祖国を異民族支配から〕解放して、子孫に伝えてきた。）

と述べて、漢民族が中国を治めることの正当性を主張している。

この宣言文の続きには、義勇軍を率いて異民族を殲滅することに対し、「これは祖先の勲功を継承するものであり、大義の存在するところである[58]」という一文があり、孫文が、異民族を殲滅して祖国を漢民族の手に取り戻すことを〈大義〉と捉えていたことが分かる。

孫文にとって、満州族は侵略者として中国に入ってきた異民族であり、清朝主導の改革を受け入れることは、〈大義〉に背くことに他ならなかった。彼が『中国同盟会革命方略』の「招降満州将士布告」のなかで、「最も恨むべきは、同じ漢民族であり同じように満州政府の下に身を置き亡国の民となっているのに、それを恥辱とも思わず、〔満州政府のために同胞を殺し〕人のために牙を磨いて自らを屠っていることである[59]」と述べ、

我国民勿謂為満洲尽力乃所以報国也。中国亡于満洲已二百六十余年、我国民而有愛国心者、必当撲滅満洲以恢復祖国[60]。

（我が国民よ、満州のために尽力することを報国とすることなかれ。中国が満州に滅ぼされてすでに二百六十余年になる。我が国民にして愛国心有るものは、必ず満州を撲滅して祖国を恢復するべきである。）

と訴えたのも、このためである。

孫文と彼が率いる革命派にとって、満州政府による専制は「二百六十年中、異族陵践の惨、暴君専制の毒[61]」と称されるものであった。

それゆえに孫文の側近であった汪兆銘は、『民報』創刊号に掲載された「民族的国民」において、次

のように述べている。

夫国民主義従政治上之観念而発生。民族主義従種族上之観念而発生。二者固相密接而決非同物。……然今之政府為異族政府而行専制政体、則駆除異族民族主義之目的也。転覆専制国民主義之目的也。民族主義之目的達則国民主義之目的亦必達[62]。

（国民主義は政治上の観念より発生する。民族主義は種族上の観念より発生する。二者は固より互いに密接なものであるが、決して同じ物ではない。……ところが今の政府は異族政府であり専制を行っているのだから、異民族〔満州族〕を駆除するのは民族主義の目的である。専制を転覆するのは国民主義の目的である。民族主義の目的を達成することができれば国民主義の目的もまた達成することができる。）

孫文（1866～1925）　長崎中国交流史協会編『写真誌　孫文と長崎――辛亥革命一〇〇周年』（長崎文献社）より。

政治的な目標として、政治上の観念から発生する国民主義と種族上の観念から発生する民族主義の二つがあり、従って政治活動の根拠は専制に対する国民主義と異民族統治に対する民族主義に求めるべきである。その両者は清朝支配という形で顕れているのだから、これを打倒する《革命》[63]こそ目標達成のための唯一の手段であると主張するのである。

孫文ら革命派にとって、政治上の観念から発生する「国民主義」と種族上の観念から発生する「民族主義」は切り離し得ないものであった。彼等にとって〈国民〉と〈民族〉はイコールで結ばれるものであったからである。

それゆえに「開明専制時代」「君主立憲時代」を経なければ中国は「共和立憲制」を確立することはできないと主張する梁啓超に対し、汪兆銘は「駁新民叢報最近之非革命論[64]」において次のように反論している。

徒駆除異族而巳、則猶明之滅元於政界不生変革也。若徒欲転覆専制而巳、則異族一日不去、専制政府終一日不倒。故種族革命与政治革命豈惟並行不悖、実則相依為命者也[65]。

（いたずらに異民族を駆除するだけでは、明が元を滅ぼしたのと同じように、政界に変革を生じさせることができない。いたずらに専制を転覆しようと欲するだけならば、異民族は一日として去らず、専制政府はついに一日として倒れないだろう。だから種族革命と政治革命は、同時に進めて矛盾しないばかりでなく、一蓮托生の関係にある。）

現状を打破するためには、必ず異民族である満州族を駆除すると同時に専制政府を打破することが必要であると述べるのである。彼らにとって、武力による《革命》は、新中国を創造するための絶対条件であった。何故なら、この《革命》を行う主体として登場するのが、〈国民〉だからである。

「再駁新民叢報之政治革命論」には、

当負政治革命之責任者惟我国民。有負此責任之能力者亦惟我国民。……若能以国民之力達政治革命之目的、則民主立憲政体必可終獲[66]。
(政治革命の責任を負うべき者は我が国民だけであり、その責任を負うことができる者も我が国民だけである。……国民の力によって政治革命の目的を達成すれば、必ず民主立憲政体を獲ることができる。)

とある。前述の論と照らし合わせて考えれば、この論に出てくる〈国民〉は当然ながら、梁啓超の提唱する《国民》——「国家思想」を有する者——とは異なる意味を持つ。孫文ら革命派にとって〈国民〉とは漢民族に他ならなかった。この論は、政治革命を遂行する責任を負うべき者であり、その責任を負うことができる存在である漢民族は、《革命》が成功した暁には、「民主立憲政体」を確立することができると述べているのである。

では彼等はどのようにして《革命》を成功させようとしたのか。

孫文は一九〇三年九月二一日(光緒二九年八月一日)、留日学生江蘇同郷会の機関誌『江蘇』第六期に投稿した「支那保全分割合論」のなかで、

若要合列国分割此風俗斉一、性質相同之種族、是无異毀破人之家室、離散人之母子、不独有傷天和、実大拂乎支那人之性;吾知支那人雖軟弱不武、亦必以死抗之矣。何也?支那人民、対虜朝用命雖亦有之、然自衛其郷族、自保其身家、則必有出万死而不辞者矣。……自保身家之謀、則支那人同仇敵愾之気、当有不譲于杜国人民也[67]。
(列強がこぞって、風俗が斉一で同じ性質を持つこの民族を分割しようとすれば、それは人の家族

を破壊し妻子を離散させるのと全く同じであり、ただ天然の和を傷つけるだけでなく、支那人〔漢民族〕の天性にも大いに逆らうものである。支那人〔漢民族〕は軟弱で戦闘的ではないが、必ず死をかけて抵抗することを私は知っている。それは何故か？清朝の命令に対して従う支那の人民〔漢民族〕もいるが、それ以上に自分の親族や家を守るためならば、必ず死すら辞さない者が現れるのである。……自分の家族を守ろうとするとき、支那人〔漢民族〕が共通の敵に立ち向かう気概は、トランスヴァール[68]の人民にも劣らない。）

と述べている。彼は、共通の敵に対峙した時に漢民族が発揮する〈力〉に、強い期待を抱いていたのである。それは、孫文が満州政府下に身を置く漢民族の兵士に対して呼び掛けた、次の一文からも見て取れる。

彼満洲以五百万民族陵制四万万漢人、而能安臥至二百六十年者、豈彼之能力足以致之、徒以中国人不知大義、為之効力、自殺同種、故満洲人得以肆志耳！[69]

（彼ら五百万の満州族が四億の漢民族を二百六十年に渡って支配してきたのは、決して満州族が高い能力を持っていたからではなく、中国人が大義を知らず、満州族のために力を尽くして同種族を殺してきたからであり、それゆえに満州族の意のままになっているのである。）

この文の意味を逆に取れば、「漢民族が大義を知り、一致団結して満州族に立ち向かえば、必ずこれを倒すことができる」ことになる。孫文が率いる革命派は、中国人民に漢民族であるという自覚を促すことで、満州政府に従う兵士らから、祖国を奪った〈敵〉に対する抵抗力、《革命》を起こす力を引き出そうとしていたのである。

　このことを見れば、孫文率いる革命派の《革命》思想が、等身大の漢民族をあるがままに受け入れるものだったことが分かる。彼等が中国国民に求めたのは、梁啓超の主張するような「国家思想」を持つ《国民》に成長することではなく、人民自身が漢民族であることを思い出し、それによって団結することだったのである。

おわりに

近年、『民報』と『新民叢報』の論争に代表される、孫文率いる革命派の《革命》と梁啓超の《改革》の思想的対立に焦点を当てて辛亥革命を論じようとする先行研究は、管見の限りほとんど見られなくなった[70]。

これは黄克武氏が『総合研究　辛亥革命』の一節で、

辛亥革命は決して国民党が宣伝するような、完全に革命党によって主導されたものではなく、また一部の中国共産党の歴史家が唱えるような、「ブルジョワ階級」の革命でもなかった。辛亥革命には長い思想的な醸成の過程があり、同時にその参加者は異なる階級と集団の出身者で、それぞれ異なる目的のために参加していた。これを我々は、次の一文をもって表現することができる。すなわち、革命の成功は各種の勢力が結集して共同で成し遂げたものであり、その中でも革命党員は多くが理想に突き動かされて挙兵・蜂起し、立憲派人士は自らを守るため、あるいは秩序を維持するために呼応した。つまり、辛亥革命とは新旧勢力の妥協の下に成功したものである[71]。

と述べているように、実際の辛亥革命に際して各地で独立した革命政権が革命党のみによって樹立されたものではなく、旧官僚・軍人・立憲派を含めた混成部隊の手によるものであることが、明らかにされてきたからである。

このことから辛亥革命の成功には複雑な歴史的背景があり、単純に「革命」と「改革」の対立という二元論に落としこむべきではない、とする認識が近年の革命研究の前提として存在している。辛亥革命が現実に存在する社会から生み出されたことを考えれば、確かに先行研究において述べられているように、「革命」か「改革」かという二元論で辛亥革命のすべてを明らかにすることは不可能であろう。

しかし本章第二節で述べたように、人々が清朝主導の改革に失望し暴動を起こしたとしても、それが必ずしも〈革命〉に発展するとは限らない。暴動を〈革命〉に換えるためには、〈革命〉を求め、それを支持する者たちの存在が不可欠だからである。

このように考えれば、孫文率いる革命派の《革命》と梁啓超の《改革》の思想的対立について触れずに辛亥革命を論じることは、革命が〈革命〉であることの意味を欠くことになるのではないだろうか。

本章では、中国人民が個々の民族性に固執することなく「国家思想」を持つ《国民》に成長することを望んだ梁啓超と、異民族を殲滅して祖国を漢民族の手に取り戻すことを〈大義〉とし、今あるがままの漢民族こそが中国における《国民》であると唱えた孫文率いる革命派、彼等の《改革》と《革命》をめぐる論戦のなかで提示された〈国民〉の概念が、全く異なるものであったことを明らかにした。

梁啓超が現在の中国人民を《部民》段階にあるとして国民の程度は未だ共和立憲制を行う段階に至っていないと述べ、孫文ら革命派が漢民族はすでに《国民》であるのだから「民主立憲制」を導入すべきであると反論[72]したのも、前提となる〈国民〉の概念が異なるからである。

そしてこの〈国民〉の概念が異なるがゆえに、孫文率いる革命派の主張する《革命》は、本質的な部分で梁啓超の《改革[73]》とは相容れなかった。何故なら、当時の中国人民を《部民》と捉え、彼らを《国民》に成長させようとする梁啓超の《改革》のなかからは、孫文率いる革命派の考える《国民》は決して生まれてこないからである。漢民族が共通の敵に対峙した時に発揮する〈力〉に期待していた彼らからすれば、梁啓超の《改革》は、到底受け入れられないものであった。

しかしこれは、立場を入れ替えれば、梁啓超にも同様のことが言える。段階的な過程を経て「共和立憲制」に進む道を選択しようとしていた梁啓超にとって、その前提となる《開明専制》の土台である、平和な時代と中央政府を打ち壊そうとする《革命》の成功は、梁啓超の《改革》構想を根本から打ち崩すものであったからである。このことを考えれば、孫文率いる革命派と梁啓超の論争の根底には、国の基礎である〈国民〉の在り方をめぐる攻防があったと言える。

そして等身大の漢民族をあるがままに受け入れる孫文率いる革命派の《革命》思想は、新軍や立憲派を含む清朝主導の政策に不満を抱くすべての人々のエネルギーを糾合し、《革命》のエネルギーを生み出したのである。

それは、中国において孫文率いる革命派の《国民》が選択された瞬間であった。人民自らが漢民族であることを思い出し、その同一民族性を基盤として団結・共闘することを望んだ孫文率いる革命派の《革命》は、辛亥革命によって具現化され、生来持つ民族という共通項により結合した《国民》の上に、民主国家が誕生することになるのである。

第三章■孫文が夢見た新中国——独自の《民主立憲制》の再構築

はじめに

前章では、孫文率いる革命派の《革命》構想を、立憲派を代表する梁啓超の《改革》構想と比較しながら分析した。そこから明らかになったのは、漢民族を《国民》と捉える孫文ら革命派と、国家思想を持つ者を《国民》と捉える梁啓超の間に、〈国民〉に対する捉え方の決定的な違いがあったことである。両派の論争の根底には、国の基礎となる〈国民〉の在り方をめぐる攻防があった。

この攻防に歴史の裁定が下ったのが、辛亥革命である。等身大の漢民族をあるがままに受け入れる孫文ら革命派の《革命》思想は、新軍や立憲派を含む清朝主導の政策に不満を抱くすべての人々のエネルギーを糾合して《革命》のエネルギーを生みだし、最終的には満州王朝を終焉させるに至った。

そして中国では未だ人民が《部民》段階にあると捉え、彼らが《国民》《共和国民》になるための資格を養成しようとしていた梁啓超の《改革》構想は、前提となる既存の中央政府（満州王朝）が打破されたことによって、完全に水泡に帰すことになる。孫文率いる革命派が主張する、中国人民が生来持つ民族という共通項により結合した《国民》の上に、民主国家が誕生するのである。

このように考えれば、辛亥革命の成功は、決して単に異民族である専制国家を打倒して民主国家を建国したという、政治体制の変化を生み出しただけのものではない。民族を重んじる《部民》から脱却して《国家思想》を持つという梁啓超の主張する《国民》を選択するのか、それとも民族性を媒介として団結するという孫文ら革命派の主張する《国民》を選択するのか。辛亥革命の成功によって政治体制の変化と同時に、《国家》の根底を支える〈国民〉の選択がなされていたのである。

では《革命》の成功後、民族性を媒介として団結する《国民》の上に誕生する民主国家について、革命派を率いた孫文はどのような国家構想を持っていたのか。そしてその孫文の国家構想は、現実の革命を経験した後の彼の《革命》構想とどのようにかかわってくるのか。

本章では、辛亥革命の成功とそれに伴う当時の中国社会の変容、そして革命後に建国された共和国家との関係を通して、中華革命党時期における孫文の《革命》構想がいかにして生み出されたのかを論じるとともに、この時期の孫文の《革命》構想について分析する。

以下第一節では、まず孫文と梁啓超、両者の考えた《共和国民》の資格を比較検証することによって、革命以前に孫文が想定していた「民主立憲制」[1]について考察する。

第一節　孫文と梁啓超、両者の〈共和国民〉の資格

一　孫文の《共和国民》と梁啓超の《共和国民》

孫文は一九〇六（光緒三二）年に作成した「軍政府宣言」[2]において、今後中国が採るべき方策として後の「三民主義」[3]に繋がる四項目、「韃虜〔満洲族〕の駆除」「中華の恢復」「民国の建立」「地権の平均」を挙げ、次のように説明している。

惟前代革命如有明及太平天国、只以駆除光復自任、此外无所転移。我等今日与前代殊、于駆除韃虜、恢復中華之外、国体民生尚当与民変革、雖経緯万端、要其一貫之精神則為自由・平等・博愛。故前代為英雄革命、今日為国民革命。所謂国民革命者、一国之人皆有自由・平等・博愛之精神、即皆負革命之責任、軍政府特為其枢机而已[4]。

（おもうに明代や太平天国のような前代の革命は、異民族を駆除して〔祖国を異民族支配から〕解放することだけを自らの役目とし、この他に何も変えなかった。今日我等は前代の革命と異なり、韃虜〔満洲族〕を駆除して中華を回復するだけでなく、国体と民生をも人民と協力して変革しなければならない。そのための方法は多岐にわたるが、これを一貫する精神は自由・平等・博愛である。ゆえに前代は英雄革命であり、今日は国民革命である。いわゆる国民革命とは、一国の人民が皆自由・平等・博愛の精神を持つこと、すなわち皆が革命の責任を負うことであり、軍政府はただその

枢機となるにすぎない。）

ここで孫文は、人民皆が自由・平等・博愛の精神を持つことが、前代の英雄革命と今日の国民革命を分けると述べている。漢民族たる《国民》皆が自由・平等・博愛の精神を持っているから、革命の主体となってその責任を負い、韃虜〔満洲族〕を駆除して中華を回復するだけでなく、国体と民生の改革、即ち民国の建立と地権の平均を成し遂げることが求められる。

つまり孫文は、《国民》が漢民族であるがゆえに、韃虜〔満洲族〕を駆除して祖国を取り戻すことを求め、彼らが自由・平等・博愛の精神を持つがゆえに、民国の建立と地権の平均が可能になると主張しているのである。

一方、梁啓超は同年四月、「答某報第四号対於新民叢報之駁論」の一節で、次のように述べている。

> 吾乃極力捜索之於彼文、見有曰、「夫我国民既有此自由平等博愛之精神、而民権立憲、則本乎此精神之制度也。」又曰、「我国民於公法之基礎観念、未嘗欠也。」又曰、「此足以証我国民之有国家観念也。」然則彼所謂共和国民之資格、殆即以由平等博愛公法観念国家観念等為標準也。夫彼謂我国民既有此等等、吾固不能為絶対的承認。然比較的可以承認、然如彼説、謂有此等等、而遂可命之為共和国民之資格乎。[5]
>
> （わたしは彼の文を隅から隅まで読んでみたところ、彼は「我が国民は既にこの自由平等博愛の精神を持っている。民権立憲はこの精神に基づく制度である。」と言い、「我が国民の公法の基礎観念は未だかつて欠けたことがない」と言い、「これらが足りるを以て我が国民に国家観念が有る証で

ある」と言う。しかし彼が言うところの共和国民の資格は、ほとんどが自由平等博愛〔の精神〕や公法観念、国家観念などを標準としている。彼らは我が国民はすでにこれらを有すると言うが、私は絶対に認めない。けれどもたとえ我が国民がこれらを有するとしても、彼の説明するようにこれら〔自由平等博愛の精神や公法観念、国家観念など〕があることを、共和国民の資格となすべきか。）

これは自由・平等・博愛の精神や公法観念、国家観念を〈共和国民の資格〉として説明する孫文ら革命派に対して、反論する一節である。

もちろん、梁啓超にとってもこれらが《共和国民》に必要であるという点では異論はなかった。しかしこれらは、梁啓超の考える《共和国民》の資格、《共和国民》であるための絶対条件ではない。本書の第二章で述べたように、彼は議院政治を行う能力を持つことを《共和国民》の資格と考えていたからである。

では、梁啓超の言う《共和国民》が持たなければならない議院政治を行う能力とは、どのようなものか。彼は「開明専制論」の「第八章　論開明専制適用於今日之中国」において、次の二つの要件を挙げている。

凡議院政治、恒以議院之多助寡助、黜陟政府。故議院大多数人、有批判政治得失之常識、此第一要件也。……又議院政治、既恒以議院之多助寡助、黜陟政府、而多寡之数、与党派有密接関係。故有発達完備之政党、其第二要件也。[6]

（議院政治とは、つねに議院の支持の多少によって政府の信任・不信任が決定するものである。ゆえに議院の大多数の人が、政治の得失を判断するだけの常識を持っていること、これが第一の要件である。……また議院政治は、つねに議院の支持の多少によって政府の信任・不信任が決定するのであるから、数の多少は党派と密接な関係を持つ。したがって発達し完備した政党が有ることが、その第二要件である。）

これらの要件から分かるように、彼の提唱する《共和立憲制》[7]は明らかに、議院の信任によって政府が存立する責任内閣制（議院内閣制）である。

本書の第二章で取りあげた、「君主立憲制」における議院が、君主が任命した政府を監督・補助する立場であったのに対し、ここで説明されている「共和立憲時代」における議院は、政府を運営・主導する立場となることが求められているのである。そのために議員を輩出する政党にも、高い政治的資質が求められる。

また責任内閣制において、議院の多数党（与党）が国民の投票によって決定されることを考えれば、彼等を選ぶ国民自身にも必然的に高い質が要求されることになる。それゆえに梁啓超は、《共和国民》になるためには、「国家思想」を持つだけでは足りず、議院政治を行う能力を持つことが必須要件であると主張した。彼の構想のなかの《共和国民》は、絶対的権力を持つ君主がいない「共和立憲時代」において、議院政治を制御し得る存在でなければならなかったからである。

以上のことを鑑みれば、自由・平等・博愛の精神を持っているのであるから、漢民族は「民主立憲制」下の《国民》たりえると主張した孫文と、「国家思想」を持つ《国民》が議院政治を行う能力を持ってはじめて《共和立憲制》下の《国民》になることができると主張した梁啓超[8]。両者が民主（共和）国家の主体となる〈国民〉に求めた資質は全く別のものであったことが分かる。そして、民主（共和）国家の主体である〈国民〉の資質が異なるのであれば、孫文の想定する「民主立憲制」もまた、梁啓超の想定する《共和立憲制》と異なるものであった可能性が高い。

では、孫文が主張していた、革命後に採用されるべき「民主立憲制」とは、一体どのようなものだったのだろうか。

二　新中国建国の順序――孫文の《三序構想》

新中国建国の順序について、孫文は『中国同盟会革命方略』の「軍政府宣言」のなかで次のように規定している。

第一期為軍法之治。義師既起、各地反正、土地人民新脱満洲之羈絆、其臨敵者宜同仇敵愾、内輯族人、外御寇仇、軍隊与人民同受治于軍法之下。軍隊為人民戮力破敵、人民供軍隊之需要及不妨其安寧。既破敵者及未破敵者、地方行政、軍政府総摂之、以次掃除積弊。……毎一県以三年為限、其未及三年已有成効者、皆解軍法、布約法。[9]

（第一期は軍法の治である。正義の軍隊が挙兵すれば、各地はこれに帰順し、土地・人民は新たに満洲の束縛を脱する。敵に臨む者は、ともに共通の仇として敵愾心を燃やし、内には同族を集め、外には仇敵を防ぎ、軍隊と人民は同じく軍法のもとに治められる。軍隊は人民のために力を合わせて敵を打ち破り、人民は軍隊の需要にこたえて〔必要とするものを〕提供してその秩序維持を妨げない。すでに敵を打ち破った所も未だ敵を打ち破っていない所も、地方行政は軍政府がこれを一括して代行し、順を追って積弊を除去する。……一県毎に三年を期限とし、三年未満であっても已に成果があった場合は、すべて軍法を解除し、約法を公布する。）

革命後、まず実施されるのは「軍法の治」である。「軍法の治」は軍政府の統括のもと、政治上・風習上の弊害[10]を取り除く段階にあたる。

第二期為約法之治。毎一県既解軍法之后、軍政府以地方自治権帰之其地之人民、地方議会議員及地方行政官皆由人民選挙。凡軍政府対于人民之権利義務、及人民対于軍政府之権利義務、悉規定于約法、軍政府与地方議会及人民各循守之、有違法者、負其責任。以天下平定后六年為限、始解約法、布憲法[11]。

（第二期は約法の治である。一県毎に軍法を解除した後、軍政府は地方自治権をその地方の人民に返還し、地方議会議員と地方行政官はすべて人民により選挙する。およそ軍政府の人民に対する権利義務と、人民の軍政府に対する権利義務は、すべて約法によって規定され、軍政府と地方議会および人民は各々これを遵守し、約法に背く者は、その責任を負う。天下平定の後、六年を期限とし、約法を解除して、憲法を公布する。）

「軍法の治」の次の段階は「約法の治」である。「約法の治」は軍法解除の後、軍政府が人民に地方自治権を戻す段階である。ただし「軍法の治」と同様に、中央は軍政府が統括し、軍政府の人民に対する権利義務と人民の政府に対する権利義務は、すべて約法によって規定される。

第三期為憲法之治。全国行約法六年之后、制定憲法、軍政府解兵権・行政権、国民公挙大総統及公挙議員以組織国会。一国之政事、依于憲法以行之[12]。

（第三期は憲法の治である。全国で約法を六年施行した後、憲法を制定し、軍政府の兵権（軍隊を指揮して統率する権利）・行政権を解除して、国民が大総統及び議員を公選して国会を組織する。一国の政治は、憲法に依拠して行われる。）

「約法の治」の次の段階が「憲法の治」である。「憲法の治」は、軍政府による兵権・行政権の掌握が解除され、国民が公選した大総統と議員により組織された国家機関が国の政治を担う段階である。

このことから、孫文が「憲法の治」を以て〈「民主立憲制」の完成〉と考えていることが分かる。つまり、彼は「民主立憲制」を実現させるための段階として、「軍法の治」「約法の治」「憲法の治」の三段階――孫文はこれを《三序構想》と述べている――を想定していたのである。

しかし一九〇六年（光緒三二年）の段階で孫文が想定した、この「民主立憲制」を実現させるための三段階には、次のような三点の疑問が挙げられる。

まず一点目は、「約法の治」から「憲法の治」へと移行する方法についての疑問である。孫文は、文中で「約法の治」から「憲法の治」に至る移行期間として六年という年数を示しているが、この移行期間でどのようにして軍政府を解除し、民主政体へと移行するのか。その方法について明確に示されていない。

二点目は、軍政府と同盟会の関係についての疑問である。「軍法の治」で軍政府を担う存在について、孫文は文中で明言していない。しかし彼が党首をつとめた同盟会が、当時から革命の実現を目指して各地で活動していたことを考えれば、「軍法の治」において〈正義の軍隊〉を主導するのは同盟会であり、革命の成功後は、同盟会が軍政府を主導するものと想定される[13]。

では、軍政府の権限を解除すると明記されている「憲法の治」においては、彼ら同盟会はどのような存在となるのか。「軍政府宣言」では「憲法の治」の政治構造については、

大総統由国民公挙。議会以国民公挙之議員構成之。制定中華民国憲法、人人共守[14]。

（大総統は国民の公選による。議会は国民が公選した議員によって構成する。中華民国の憲法を制定して、人々は〔憲法を〕遵守する。）

と述べるに留まり、議会とそれまで軍政府を主導した同盟会の関係がどのようなものになるのかについては全く触れておらず、同盟会が議会政党へと転化するのか、それとも同盟会そのものが解散されるのか、明らかでない。

三点目は、孫文が「民主立憲制」の完成期として設定した「憲法の治」において、「憲法[15]」はいかなる方法によって制定されるのか、という疑問である。孫文によれば「憲法の治」では政治はすべて「憲法」に依拠するものと規定している。

では、この「憲法」は、どのようにして定められるのか。この点についても「軍政府宣言」では明らかにされていない。

この他にも疑問点はいくつか挙げられるが[16]、前述した三点の疑問は、中国が「民主立憲制」を実現するうえで、非常に大きな問題であると考えられる。

何故ならこれらの疑問は、「君主立憲制」を採用しない国家においては、政治及び人民を法の下に拘束する「憲法」そのものの存否に直結するからである。

そもそも、立憲制の導入にあたっては、全国民が「憲法」を受け入れ、これを遵守することが前提条件となる。何故なら、たとえ「憲法」が制定されたとしても、これを国民が遵守しなければ、「憲法」が有名無実化し、機能不全に陥るからである。それゆえに、君主制において立憲制を導入する際は、「憲法」の正当性・実効性が君主によって担保される。

しかし《革命》後の中国においてはどうだろうか。「軍政府宣言」において、「政治はすべて憲法に依拠するものである」「中華民国の憲法を制定して人々共に之を守る」と述べられていることから、孫文が「憲法の治」において立憲制を導入しようとしていることは明らかである。けれどもその一方で、満州王朝による専制が中国の窮状を招いたと考えていた孫文は、君主制を「暴君専制」[17]と述べて強くこれを否定していた。

このことからすれば、孫文にとって君主の存在は到底許容できるものではなく、したがって彼が想定する《革命》後の国家においては、君主のように絶対的な権力を行使して「憲法」の正当性・実効性を担保する存在がはじめから不在であることになる。

では、孫文の想定する《革命》後の国家において、政治・人民が依拠する「憲法」の正当性・実効性は、一体何によって担保されるのであろうか。

もちろん理論的に言えば、それは〈国民〉による。民主国家において、「憲法」の正当性・実効性を担保するのは〈国民の総意〉であろう。しかし、この〈国民の総意〉とは何か。立憲制に慣れていない中国国民は、孫文の主張する《革命》の後、一体これをどのようにして示すのか。また仮に《革命》を成功させた《国民》が総意を示したとしても、それは永続的で不変なものでなければ、「憲法」の正当性を支え続けることができない。彼らにそれを望むことは、果たして可能なのか。

あるいは〈国民の総意〉によって「憲法」を担保するのではなく、この問題を解消する方法、制定された〈「憲法」を支える力〉を「軍政府宣言」のなかから見出すとするならば、どうであろうか。「約法」の制定方法について、「軍政府宣言」では詳しく述べられていないが、「約」という言葉には協定という意味もあることから、軍が制定する「軍法」とは異なり、「約法」は軍政府と地方自治体の間に交わされる協定とも考え得る。

しかし「約法の治」においても軍政府が中央を統治していること、兵権を把握していることなどを鑑みれば、「約法」の制定における軍政府の存在は決して小さくない。「約法」に背いた場合にこれを強制しうる権力が、軍政府にあるからである。そうであれば「軍法」同様に、「約法」も軍政府によって担保されると推定される。このように考えると、「憲法の治」で、制定された〈「憲法」を支える力〉が始めから備わっているとすれば、それは軍政府によるものと想定される。

しかし、制定された〈「憲法」を支える力〉を軍政府に求めるとすれば、別の問題が浮上してくる。まず一つ目は、軍政府に〈「憲法」を支える力〉を求める場合、軍政府は、「軍法の治」から「約法の治」「憲法の治」へと続く、安定した長期的な統治体制を築かなければならないという問題である。この問題を解決するには、《国民》に軍政府の統治を正当なものとして受け入れてもらう必要があるが、果たしてそれは可能なのか。

この疑問については、梁啓超も「開明専制論」のなかで次のように指摘している。

人民果最初而能安軍政府之政耶。……我国民義務観念素未発達。軍政府語之曰、汝其忍一時苦痛、以易無量幸福、無量幸福在将来、彼未之見。一時苦痛在今日、固已切膚也。若最初不肯受軍政府之約法奈何、受矣而背之奈何。[18]

（人民は果たして最初から軍政府の政治に満足するだろうか。……我が国民の義務観念はもともと未発達である。軍政府が「汝ら一時の苦痛を忍び、無量の幸福に易えよ」と語っても、無量の幸福は将来のものであり、彼らはこれを見たことがないのである。一時の苦痛は今日のものであり、もとより切実である。もしはじめから〔彼らが〕軍政府の約法を受け入れないのならばどうするのか。受け入れてもこれに背けばどうするのか。）

《革命》後、荒れた国を立てなおさなければならない軍政府と、安寧な生活を望む《国民》の希望が果たしてはじめから一致するのか、というこの梁啓超の疑問は尤もであると思われる。

そしてもう一つの問題は、「憲法の治」においては、軍政府の兵権及び行政権をすべて解除すると、孫文が「軍政府宣言」で明文化していることである。もし制定された〈「憲法」を支える力〉を軍政府に求めるとするならば、これらの権利を解除することは、「憲法」を担保できる存在を消すことにもなりかねない。そのため、「憲法」を担保する存在として軍政府を仮定した場合、軍政府の兵権及び行政権が解除される「憲法の治」において、いかなる存在が「憲法」を担保するのかが問題となる。

このように考えると、中国において「民主立憲制」を実現するためには、「軍政府宣言」で孫文が規定した《三序構想》をより具体化し、これらの問題を解決しなければならない。

しかし「軍政府宣言」を含む『中国同盟会革命方略』が発表されたのは、先行研究でも「孫中山にあっては革命政党による革命（破壊）に最大の関心があり、革命後の新しい政治体制のあり方（建設）には、大した関心を持っていなかったと言わざるをえない[19]」と指摘されている時期であり、孫文が革命後に建設するとした「民主立憲制」がどのようなものであったのか、これ以上『中国同盟会革命方略』から読み取ることはできない。

彼の「民主立憲制」がより具体的な形となって示されるのは、宋教仁暗殺事件・第二革命の失敗を経て、中華革命党が結党された後、中華革命党結党時期の孫文の《革命》構想においてである。

次節では、中華革命党結党時期の孫文の《革命》構想が、どのような流れのなかで確立されていったのかについて述べたうえで、この時期の孫文の《革命》構想について分析する。

第二節　孫文の挫折と再生――「中華革命党総章」の意味するもの

一　新政府の「民主制」

一九一一年一〇月一〇日（宣統三年八月一九日）に発生した武昌起義を発端とする辛亥革命は、翌一二年二月一二日（同年一二月二五日）、宣統帝の退位をもって成功を収めた。

これによって中国で長期間に及んだ異民族による専制政治に幕が下ろされ、「中華民国」の建国後には、臨時大総統に就任した孫文主導のもと、彼が想定する《三序構想》に基づいた「民主立憲制」への道が敷かれるかに見えた。しかし現実は、孫文の望むような方向には進まなかったのである。

孫文にとって想定外であったのは、彼が不在のうちに辛亥革命が始まったこと[20]、そして何よりも辛亥革命に際して独立を表明した各省の革命政権が、旧官僚・軍人・立憲派を含めた混成部隊によるものであり、その省の軍事・行政権を掌握する都督に就任した者が必ずしも革命派出身でなかったことである[21]。清朝側との交渉や臨時政府の組織については、これらの各省の都督府代表による会議の場で方針が決定されたため、革命派が各省都督府の実権を完全に掌握できなかったことは、孫文の《三序構想》を実現するうえで致命的な失点となった[22]。

また武昌起義に際して、同盟会の幹部のなかで黄興らと共に真っ先に現地に到着したのが宋教仁[23]であったことも、彼の《三序構想》の実現を遠ざけることとなった。宋教仁は〈革命〉を起こして清朝を倒すという点では孫文と一致した見解を示していたが、革命後の国家建設については異なる考えを持っており、外国の干渉を回避するためにも革命を早期に収束させるべきであると考え、奔走[24]していたからである。

かくして一九一一年一二月三日（宣統三年一〇月一三日）、孫文不在のなかで各省の都督府代表による会議が開催され、『中華民国臨時政府組織大綱』（以下『組織大綱』と略記）が採択、即日公布される。[25]

この『組織大綱[26]』は、「臨時大総統は全国を統治する権限を持つ」（第二条）、「臨時大総統は陸海軍を統率する権限を持つ」（第三条）、「臨時大総統は参議院の同意を得て、各部長を任用し外交専使を派遣する権限を持つ」（第五条）等とあることから、孫文が想定した同盟会主導の軍政府ではなく、議会をもつ総統制を採用することが明記されている。また「臨時政府組織大綱の施行期限は中華民国憲法成立の日をもって失効する」（第二一条）とあることから、『組織大綱』の後に正式な憲法の制定を予定していたことが見て取れる。

つまり、この『組織大綱』の制定段階においてすでに、孫文の想定していた《三序構想》とは異なり、「軍法の治」「約法の治」を経ることなく憲政を敷く体制が整えられようとしていたのである。そして、この孫文の《三序構想》とのズレは、一九一二（民国元年）年三月一一日の『中華民国臨時約法』（以下『臨時約法』と略記）の制定[27]により、更に大きなものになっていく。

『臨時約法』は正式な憲法ができるまでの過渡期的な仮憲法[28]として、参議院により制定されたものであるが、この『臨時約法』には、『組織大綱』とは大きく異なる点があった。

それは大総統と参議院の関係について、「臨時大総統・副総統は参議院より選挙し、総員の四分の三以上の出席及び投票総数の三分の二以上の票を得た者を当選とする」（第二九条）、「参議院は臨時大総統に反逆行為が認められた場合、総員の五分の四以上の出席及び出席者数の四分の三以上の可決をもってこれを弾劾することができる」（第一九条一二）と規定されていることである。[29]

つまり今後の中国の方針として、議会を持つ総統制ではなく、議会が強力な権限を有する責任内閣制[30]を採用することが、この『臨時約法』により明文化されたのである。

なぜこのような、総統制から責任内閣制への政体の変更がなされたのか。これには清朝の軍事的指導者であった袁世凱の存在が深くかかわっている。

武昌起義が成功し各省で革命政権が樹立したとはいえ、当時の革命情勢は流動的で、未だ北方において存続する清朝との攻防が続いていた。そのため、各省都督府代表は事態が長期化することを憂慮し、袁世凱が革命側に参与することを条件として、彼に臨時大総統の座を移譲することを決定し、南北和議交渉を進めていたのである。

交渉が中断することもあったが、二月に入って宣統帝の退位と袁世凱の共和主義賛成の意向が伝わってくると、袁世凱の大総統就任はいよいよ現実のものになろうとしていた。それゆえに、「まもなく北方の野心家袁世凱に譲渡せねばならない大総統の権能をいかに最小限にくいとめるか、そしてそれに対応すべき立法府の権限をどのように定めるか」という課題に最大の苦心が払われることとなった。[31]その結果として、大総統の権限をできる限り制限するべく制定されたのがこの『臨時約法』なのである。

ではこのような、総統制から責任内閣制への政体の変更を、孫文はどのように考えていたのだろうか。少し時期を遡ることになるが、孫文は一九〇六年一二月二日（光緒三二年一〇月一七日）、『民報』創刊一周年記念の祝賀大会の演説で、

就選挙上説、那些略有口才的人、便去巴結国民、運動選挙；那些学問思想高尚的人、反都因訥干口

才、没有人去物色他。所以美国代表院中、往往有愚蠢无知的人夾雑在内、那歴史実在可笑。[32]
（選挙について言えば、少し口の上手な者は国民と結託して選挙運動をするが、学問・思想の高尚な者は、かえって皆口下手で国民の支持を得ることができない。アメリカの議会には往々にして愚鈍・無知の者が混じっており、その歴史は実に滑稽である。）

と述べて、アメリカの議会制を批判し、「憲法の治」において「五権憲法」を導入することを提唱する。「五権憲法」の〈五権〉は、以前から国外で実施されていた「司法」「立法」「行政」の三権に、試験によって官吏を登用する「考選権」と、監督弾劾の仕事を行う「糾察権」を新たに加えたものである。

孫文は、選ばれるべき優秀な人物が議員になることができないのは、アメリカの選挙システムに問題があると考えていた。そのため選挙や委任により官吏を登用するのではなく、「考選権」を専門に司る独立機関を設立すること、行政府の監視機関を立法府から独立させることによって、諸外国で見られるような議会の腐敗を防ごうとしたのである。

これらのことを考えると、孫文は「西欧的議会政治に対して多大な不信を抱いて[33]」おり、総統制から議会が強力な権限を有する責任内閣制への政体の変更は、彼にとって決して好ましい変化ではなかったと言える[34]。

実際、『臨時約法』を制定する以前に、臨時政府の形態について同盟会の幹部らが議論する場が持たれたが、その際、責任内閣制の導入を強く主張する宋教仁に対して孫文は、

内閣制乃平時不使元首当政治之衝、故以総理対国会負責、断非此非常時代所宜。[35]

（内閣制は平時であれば元首と政治的衝突を起こすことはない。ゆえに総理が国会に対して責任を負うが、断じてこれ〔内閣制〕は非常時にふさわしい制度ではない。）

と述べて、宋教仁の論を一蹴している。

このことを鑑みれば、『臨時約法』で規定された憲政は、「軍法の治」「約法の治」を経ることなく憲政を敷いたということだけでなく、議会が強力な権限を有する責任内閣制へと政体を変更したことにより、二重の意味で辛亥革命以前に孫文が想定した「民主立憲制」とは異なるものになっていたと言える。ここに至って、孫文の《三序構想》は完全に退けられ、新政府は議会主導の憲政へと進むことになったのである。

そして『臨時約法』の制定後、議会政党政治の機運が次第に高まり、孫文率いる同盟会も議会政党である国民党[36]を結成することとなった。この国民党の組織化は、同盟会のなかでも議会主導の責任内閣制を以前から強く主張していた宋教仁主導のもとで行われ[37]、やがて国民党は、一九一二（民国元）年末から翌年初頭にかけて行われた第一回国会議員選挙で、大勝をおさめることになる[38]。

これによって中国は本格的に議会政党政治を確立していくかに思われた。しかし、この流れのなかで起こった宋教仁暗殺事件[39]が、事態を一変させることとなる。

二　宋教仁暗殺事件

宋教仁暗殺事件は、一九一三（民国二）年三月二〇日[40]、議会主導の責任内閣制を主導していた第一人者・宋教仁が暗殺された事件である。

当時北京に赴こうとしていた宋教仁は黄興、拓魯生、陳勤宣、廖仲凱等と共に滬寧鉄道の上海駅のプラットホームに向かって歩いているところであった。宋教仁を狙撃した犯人はその場から逃亡したが、暗殺の実行犯として武士英が、教唆犯として応桂香が後に捕縛されている。[41]

しかし事件当時より、真の首謀者は他にいると目されていた。東亜同文会の会報『支那』は次のように報じている。

初め宋教仁の暗殺さるゝや、加害者の系統につき種々の推測行はれしも、宋が現に国民党の領袖として、将に開かれんとする国会に於ける大総統選挙及後継内閣等につき、画策怠りなかりしより、袁派の為に横死を遂ぐるに至りしなるべしとは、一般に考へられし処にして、為に国民党は勿論南方人士は大に激昂したるが、此証蹟稍確実なるに及び益反袁熱は高まれり。[42]

宋教仁（1882～1913）　横山宏章著『孫文と袁世凱——中華統合の夢』（岩波書店）より。

すなわち、国民党を率いる宋教仁が政権を掌握することを恐れたとする、袁世凱による謀殺説である。

宋教仁暗殺の報を受けた孫文は直ちに日本から帰国し、武力によって袁世凱を打倒することを訴えたが、大局の安定を重視して法による事件の処理を主張する黄興の反対により、袁世凱との衝突は当面避けることとなった。[43]

しかし同年四月に、袁世凱が国会の反対を無視して「善後借款」[44]の締結を強行したこともあり、国民党内での袁に対する反感は高まっていく。そして同年六月、袁世凱によって国民党系の江西都督・李烈鈞らが更迭されるに至って、革命派は討袁を目的とした第二革命を起こした。

しかし、「善後借款」によって軍事力を強化した袁世凱には歯が立たず、孫文や黄興らは亡命を余儀なくされ、第二革命は失敗に終わる。その後、袁世凱は国民党を解散させて国務総理を廃止、軍事独裁体制を強めていき、孫文はこれに対抗する中華革命党を一九一四（民国三）年に結成することになる。

このような一連の流れに関して、渡辺龍策氏は、

要するに、宋教仁暗殺事件は、革命派の「平和革命方式」にピリオドをうち、武力抗争への道を開らいた。……かくて袁世凱の独裁支配の野望は強化され、やがて帝政運動へと進展するのである。[45]

と袁世凱が帝政に踏み出すきっかけとして暗殺事件を捉え、また高橋良和氏は、

孫文にとって、新党中華革命党は、辛亥革命の成果を殆ど喪失するという冷厳な事実に帰結した〝同盟会体制〟を克服・止揚するものとして構成されているわけである。[46]

と第二革命の後に孫文が結成した中華革命党について分析している。

このように先行研究においては、中華革命党結党は、帝政を敷こうとする袁世凱に対する第二革命が失敗に終わったことで、従来の中国同盟会よりも強固な革命団体を孫文が作りあげようとしたものであ

り、宋教仁暗殺事件は、その契機となったと理解されている。

しかし、この暗殺事件にはもう一つの側面があることを指摘できるのではないだろうか。

北一輝は著書『支那革命外史』のなかで、

あ、天人倶に許さゞるの此大悪業よ。亡霊の浮ぶべからざる怨として遺友三年胸奥に包みたる此大秘密よ。袁は主犯に非ず一個の従犯なり。暗殺計画の主謀者は彼と共に轡を列べて革命に従ひし陳其美にして、更に一人の従犯は驚く勿れ世人の最も敬すべしとせる◯◯◯〔孫逸仙〕なるぞ。[47]

と述べ、宋教仁暗殺に関与した従犯の一人として孫文を挙げている。

宋教仁暗殺事件に関しては、袁世凱主犯説が主流[48]であるが、宋教仁と親しく、彼と行動を共にしていた北一輝がこのように述べていることは注目に値する。この北の発言は、責任内閣制を主張した宋教仁と、総統制を主張した孫文の確執がよく見てとれる一文であろう。

また横山宏章氏が『中華民国史　専制と民主の相剋』の一節で、

宋教仁が夢見た議会政党政治の終焉は、いうまでもなく袁世凱による破壊が主要な原因であるが、同時に無視しえない要因は、軍事的蜂起で権力に対抗するという孫中山らの革命政党観が、議会政党の論理を粉々にしたことである。[49]

と述べていることも興味深い点である。宋教仁主導の議会政党政治に直接的な幕を下ろしたのは袁世凱であるが、中国における議会政党の論理は、孫文ら革命派の第二革命によって粉塵に帰した、とこの一節から読み取ることができる。

彼らが議会政党の論理を粉砕することを意図して動いていたかどうかは別として、この後中華民国が崩壊に至るまで、中国において議会政党政治が実現することがなかった[50]のは事実である。

孫文は何故、宋教仁暗殺の報を受けてすぐ武力によって袁世凱を打倒することを訴え、軍事的蜂起でもって議会政党の論理を粉々にしてしまったのだろうか。それは第二革命敗北後、孫文が中華革命党を設立した時期の、彼の《革命》構想を見ることで、明らかになる。

三　中華革命党結党と孫文の《民主立憲制》

一九一四（民国三）年に設立された中華革命党は、第二革命に失敗した後、第三革命を目指した孫文が、はじめて党名に「革命」の語を使用した党である。

孫文は「中華革命党総章[51]」において、

一、軍政時期　此期以積極武力、掃除一切障礙、而奠定民国基礎。
二、訓政時期　此期以文明治理、督率軍民、建設地方自治。
三、憲政時期　此期俟地方自治完備之後、乃由国民選挙代表組織憲政委員会、創制憲法；憲法頒布之日、即為革命成功之時[52]。

（第一段階の軍政時期は、積極的な武力により、一切の障害を排除して、民国の基礎を定める。

第二段階の訓政時期は、文明的な管理により、軍民を監督・引率して、地方自治を建設する。
第三段階の憲政時期は、地方自治が完備するのを待って、国民より代表を選挙して憲政委員会を組織し、憲法を制定する。憲法が頒布される日こそ、革命が成功する時である。）

と規定していることから、彼が共和国家建設の順序として「軍政」「訓政」「憲政」の三つの時期を想定していることが分かる。この内容を鑑みれば、使われている言葉自体は異なるものの、この三つの時期は「中国同盟会宣言」で示された「軍法の治」「約法の治」「憲法の治」に相当するものと考えられ、孫文の主張は一見すると、本章第一節で詳述した「軍政府宣言」からそれ程変化がないようにも思える。

しかし、彼はこの三つの時期に《革命時期》という新たな区分を加えている。

《革命時期》とは、

自革命軍起義之日至憲法頒布之時、名曰革命時期[53]。
（革命軍が蜂起した日から憲法が頒布される時までを、名づけて革命時期と言う。）

とあるように、軍を起こしてから憲法発布に至るまでの時期を指し、「軍政」「訓政」期に当てはまるものであるが、孫文は、この《革命時期》について、

在此時期之内、一切軍国庶政、悉帰本党党員負完全責任、力為其難、為同胞造無窮之幸福[54]。
（この時期の内は、軍隊・国家のあらゆるまつりごとの一切は、すべて本党に帰してその党員が完

全に責任を負い、困難に立ち向かい、同胞のために限りない幸福を生みだす。）

と説明している。

このことから、国家を統治する権限が誰にあるのか明確に規定されていなかった「軍政府宣言」に比べ、革命党に国家を統治するすべての権限があることを明示しているという点において、孫文の《革命》構想がより具体的なものになっていると言える。

しかし、孫文の「中華革命党総章」に見られる変化は、「軍政府宣言」をより具体化しただけのものではない。第七条には、党内への不純分子の混入を防ぐという名目で、

凡進本党者、必須以犠牲一己之身命自由権利而図革命之成功為条件、立約宣誓、永久遵守。[55]

（本党に入党する者はすべて、必ず自己の生命・自由・権利を犠牲にして、革命の成功を図ることを条件として、誓約・宣誓し、永久に〔これを〕遵守しなければならない）

とする文言が付されている。

この文言はそのまま読めば、党の方針が書かれたものである。しかし彼は「中華革命党総章」を作る前の同年四月一八日、従来の党の方針について「以前の党が散漫不統一の病にかかっていたことを鑑みると、今度の立党にあたっては、党首の命令に服従することが特に重要である。それぞれ誓約書を準備し、生命や自由の権利を犠牲にすることを誓い、命令に服従し、職務に忠誠を尽くし、生死を共にすることを誓わなければならない。[56]」と述べており、第七条に見られる「誓約・宣誓」は、この誓約書のこ

とを指していると考えられる。

さらに兵庫県立歴史博物館所蔵の『王敬祥関係文書』[57]に含まれる中華革命党入党誓約書の写しには、

立誓約人△△△為救中国危亡、拯生民困苦、願犠牲一己之身命、自由権利、附従孫先生再挙革命。務達民権、民生両主義、竝創制五権憲法、使政治脩明、生民楽利。措国家於強固、維世界之和平。特誠謹矢誓如左、

一、実行宗旨。二、服従命令。三、尽忠職務。四、厳守秘密。五、誓共生死。

従茲永守此約、至死不渝。如有貳心、甘受極刑[58]。

（立誓約人△△△は中国の存亡の危機を救い、人民の困苦を救うため、自己の生命・自由・権利を犠牲にして、孫先生の革命再挙に付き従う。民権と民生の両主義を達成し、五権憲法を創制し、政治を公明ならしめ、人民の暮らしを豊かにする。国家を強固にし、世界の平和を維持する。特に誠意をもって謹んで左の如く誓う。

一、宗旨を実行する。二、命令に服従する。三、職務に忠誠を尽くす。四、秘密を厳守する。

五、生死を共にすることを誓う。

これより永久にこの誓約を守り、死に至っても変えない。もし二心ある時は甘んじて極刑を受ける。）

と書かれており、孫文に対する絶対服従が求められていたことが分かる。

つまり、この誓約書の内容と照らし合わせると、「中華革命党総章」の第七条は、党首である孫文に対する絶対服従を誓約したうえでの条文であり、このことから言外に、第七条では党員が自己の生命・

自由・権利を犠牲にして党首に従うことが求められていることが読み取れる。これは、明らかな『中国同盟会革命方略』の「軍政府宣言」との違いである。

「中華革命党総章」において「憲政」に至る準備段階として規定されているにもかかわらず、このように党員が自己の生命・自由・権利を犠牲にして党首に服従することが定められていることを考えれば、《革命時期》は一般的な民主制のイメージ、個人の平等自由主義を前提にした民主制とはかけ離れているように思われる。実際、革命派の重鎮であった黄興は、

弟自聞先生組織会時、即日希望先生日加改良、不願先生反対自己所提倡之平等自由主義。[59]

（先生〔孫文〕が会を組織すると聞いて、すぐに先生のやり方に改良を加えるように希望したのは、先生が自ら提唱した平等自由主義と反対することを〔行おうとしていることを〕願わないからである。）

と苦言を呈し、このような組織化は孫文が従来主張してきた平等自由主義に基づく「民主立憲制」と相反するのだから、即刻改めるべきだと主張していた。

確かに本章第一節で見てきたように、孫文は一九〇六年の「軍政府宣言」において、人民皆が自由・平等・博愛の精神を持つことが、前代の英雄革命と今日の国民革命を分けるとし、彼らが自由・平等・博愛の精神を持つから、民国の建立が可能になると述べている。それゆえに黄興は、党首孫文への絶対服従を誓う誓約書の存在を根底に置いた中華革命党結党はこの精神に反する、と主張したのである。

しかし党首の権力が絶対化された中華革命党の組織改革と、これを基礎とする《革命時期》の制定は、

果たして黄興が言うように、孫文の考える〈民主立憲制〉と相反するものだったのであろうか。

本章第一節において、議院政治を行う能力を持っていなければ《共和国民》にはなれないと考えていた梁啓超と、自由・平等・博愛の精神を持つ漢民族は「民主立憲制」下の《国民》であると考えていた孫文を比較し、両者の民主（共和）国家の主体である〈国民〉に求める資質が異なるのであれば、孫文の想定する「民主立憲制」もまた、梁啓超の想定する《共和立憲制》と異なるものであった可能性が高いと述べた。また本書の第二章において、孫文が、中国人民自らが漢民族であることを自覚し、その民族性を媒介として団結・共闘して《革命》を成功させることを望んでいたことを明らかにした。

これらのことからすれば、孫文の言う《革命》後に建設される国家は、生まれながらにして持つ民族という共通項により結合した《国民》の上に誕生することになる。《国民》は、自らが漢民族であると自覚することによって団結し、この民族性を介して《国民》（個人）は〈国家を意識〉する。つまり孫文からすれば、〈国家の存在を前提〉として〈国民〉があるのではなく、民族性によって団結した《国民》を前提として〈国家〉が存在するのである。

このような、同一民族性を媒介として〈国家を意識〉する《国民》の上に、そもそも西欧諸国をモデルとする「議会制民主主義」が成り立つのだろうか。

この疑問は、梁啓超が一八九九年一二月二三日（光緒二五年一一月二一日）、『新民叢報』以前に創刊した雑誌『清議報』上に掲載した「国民十大元気論」を見ることにより、さらに明確なものとなる。彼は「国民十大元気論」の叙論において、

雖然、文明者、有形質焉、有精神焉。求形質之文明易、求精神之文明難。精神既具、則形質自生；

精神不存、則形質无附。然則真文明者、只有精神而已。[60]
（このように文明には形質と精神がある。形質の文明は求め易いが、精神の文明は求め難い。精神がすでに備わっていれば、形質は自然と成り立つ。しかし精神が存在しなければ、形質は保つことができない。そうであるならば真の文明は、ただ精神のみにある。）

と論じ、またこの文の続きで、形質とは衣食住から政治・法律に至るまでを指していると述べる。

前記の論と、今まで梁啓超が論じてきたことを照らし合わせてみると、文明の形質、すなわち君主立憲制をとるか共和立憲制をとるかという政治形態の選択は、〈国民の気質〉にかかっていると読み換えることが可能であろう。

彼にとって、〈国民の気質〉は国家を支える礎であり、君主立憲か共和立憲かの選択は、〈国民の気質〉により決定するものであった。〈国家を支える礎〉である〈国民〉が確立しない限り、たとえ《共和立憲制》を採用したとしても根づかないと考えていたからである。

それゆえに梁啓超は、革命派との論争のなかで、現在は「国家思想」をもち積極的に政治にかかわる《国民》を創出する段階にあると主張した。中国よりはるかに進んだ西欧諸国でさえも、この《共和立憲制》を完全には実現できていないのであるから、遠い将来に中国国民が《共和国民》たる資格を持ったその時にこそ、《共和立憲制》を採用すべきであると論じたのである。

梁啓超は「議会制民主主義」の精神に基づく《共和立憲制》を、中国に根づかせようとしていた。彼の想定する《共和立憲制》は、議院政治を支えることができる《共和国民》を育成して後、はじめて成り立つのである。

このように考えれば、現状の漢民族を《国民》とする孫文の「民主立憲制」においては、梁啓超にとっての真の意味での《共和立憲制》、《共和国民》に支えられた「議会制民主主義」はもとより成立し得ないことになる。つまり、孫文の言う「民主立憲制」は、辛亥革命以前より、西欧諸国をモデルとする「議会制民主主義」を念頭に論を展開した梁啓超の言う《共和立憲制》とは、本質的に全く異なる別の原理を有する立憲制であったと想定されるのである。

それを端的に示すのが、一九〇五年八月一三日（光緒三一年七月一三日）、東京で開かれた中国人留学生による歓迎会において、彼が演説した次の一節である。

孫文は、「各国は皆野蛮から専制、専制から君主立憲、君主立憲から共和へ進むというのが天然の順序であり、決して一足とびに共和をなすことはできない。それゆえに中国は今日君主立憲をなすべきであって、一足とびに共和をなすことはできない」と説明する改革派の主張について、「この説もまた謬りであることが、鉄道の建設をもって知ることができる」[61]と述べ、集まった中国人留学生に対して、

鉄路之汽車、始極粗悪、継漸改良、中国而修鉄路也、将用其最初粗悪之汽車乎、抑用其最近改良之汽車乎?……同一流血、何不為直截了当之共和、而為此不完不備之立憲乎?[62]

（鉄道の汽車は、始めは極めて粗悪であり、その後に徐々に改良されるが、中国が鉄道を建設するのに、その最初の粗悪な汽車を用いるか、それとも最近の改良されている汽車を用いるか?……同一の血を流すのに〔前文に世界における共和政体は流血を得て、はじめて得られるものであるとする記述がある〕、なぜ直截了当な共和をなさず、この不完不備の立憲をなそうというのだろうか?）

と訴えている。

彼は、初期の粗悪な汽車を「君主立憲制」に、改良された汽車を「民主立憲制」を選ぶべき理由を鉄道の建設になぞらえて、新国家を建国する際に、粗悪な「君主立憲制」に例え、「民主立憲制」を採用するか、それとも最近の改良された「民主立憲制」を採用するか、と中国人留学生らに語りかけた。

議院政治体制を支えることができる《国民》を育成して、議会制民主主義の精神に基づいた《共和立憲制》を確立するべきだと考えていた梁啓超とは異なり、孫文は、漢民族が生来持つ民族という共通項により団結する《国家》[63]において、最新最良である「民主立憲制」を採用するべきであると、ここで述べているのである。

つまりこの一節からみれば、孫文にとって西欧諸国が導入している「民主立憲制」は、現段階における最良の政体ではあっても、代えの利かない至上の政体ではない。彼の《革命》構想のなかでの重点は、漢民族が生来持つ民族という共通項により団結する《国家》を作ることに置かれているのであって、その上に建てられる民主政体については、この「民主立憲制」が更に改良されれば、西欧諸国が導入している政治体制に固執する必要はないのである。

このように考えれば、従来孫文が主張してきた自由・平等・博愛の精神に基づく「民主立憲制」に反することを理由として、党首孫文への絶対服従を誓う誓約書の存在を根底に置いた中華革命党結党を否定する黄興の批判は、少しずれているのではないだろうか。

孫文が「軍政府宣言」において述べた、漢民族が自由・平等・博愛の精神を持つから、民国の建立が求められるとする説明は、漢民族が西欧諸国と同じく民主制を確立することができるという主張であって、自由・平等・博愛の精神に基づく政体を建てることが彼の《革命》の目的であるとは述べられていない。むしろ党首の権力が絶対化された中華革命党の組織改革と、これを基礎とする《革命時期》は、現実の革命を経て孫文がたどり着いた、最善の《民主立憲制[64]》だったと考えられるのではないだろうか。

では、このように考えたとき、孫文が想定した《民主立憲制》のなかで、党首の権力が絶対化されたこの中華革命党の組織改革と、組織改革の基礎となる《革命時期》はどのような役割を果たすのか。

従来の研究[65]においては、この中華革命党の組織改革は、党首の命令に絶対服従するという点において明らかに伝統的な秘密結社の組織原理を採用[66]したものであり、前述したように「辛亥革命の成果を殆ど喪失するという冷厳な事実に帰結した〝同盟会体制〟を克服・止揚するもの[67]」として解釈されてきた。

これに対して、「中華革命党の特徴は、この党組織の厳格化にあるのではない[68]」と述べ、新しい視点を提示したのが、横山宏章氏である。氏は前述した「中華革命党総章」の第七条に加え、孫文が第六条において、

凡中国同胞皆有進本党之権利義務[69]。

（すべての中国同胞は皆、本党に進む権利義務を有する。）

と規定していること、第一三条において、

凡非党員在革命時期之内、不得有公民資格；必待憲法頒布之後、始能従憲法而獲得之。憲法頒布以後、国民一律平等[70]。

（すべての非党員は革命期の間、公民の資格を得ることはできない。必ず憲法の頒布を待って、は

じめて憲法によってこれを獲得することができる。憲法が発布された後、国民は一律平等となる。）

と規定し、《民主立憲制》への移行段階である《革命時期》において、公民の資格を有するのはこの時までに入党している党員のみであると明言していること。また、公民の資格を有する党員について、首義党員（革命軍蜂起以前に入党した党員）・協助党員（革命軍蜂起の後、革命政府が成立する以前に入党した党員）・普通党員（革命政府成立以後に入党した党員）の三段階に分け、第一二条で、

革命時期之内、首義党員悉隷為元勲公民、得一切参政執政之優先権利；協助党員得隷為有功公民、能得選挙及被選挙権利；普通党員得隷為先進公民、享有選挙権利。[71]

（革命時期の内、首義党員はことごとく元勲公民として、一切の参政執政の優先権利を得る。協助党員は有功公民として、選挙権及び被選挙権を有することができる。普通党員は先進公民として、選挙権を享有する。）

と規定していることなどを取り上げ、孫文がこのように規定した理由について、

〔この基本的人権を無視するような革命綱領は〕いうまでもなく中国同盟会時代の「革命方略」の延長であるが、さらに袁世凱流の軍事専制が宋教仁流の責任内閣制を破壊していったという現実のなかから、袁世凱に対抗できる革命戦略は、人民の民意を信頼した議会政党政治の確立ではなく、専制的な力をもった革命結社による強力な政治指導にしかあり得ないと確信したからであろう。[72]

と説明し、中華革命党の組織改革について、

議会政党政治を完全に否定し、革命政党による一党独裁体制を強調した点にこそ、最大の特徴が存在する。……宋教仁の主張に圧倒されて議会政党政治、二大政党政治を主張した一時期の過去を完全に払拭し、憲政が実現するまでの過渡期は議会政治を否定した独裁政権が必要であることを強調するという本来の姿に戻ったのである。[73]

と評価している。

確かにこれらの文言を見れば、《革命時期》において中華革命党のみが国家の政治を司ることが明文化されており、前述の横山氏の指摘は正鵠を得たものと言える。しかし、孫文が主張する《革命時期》の設定には、さらにもう一つの役割が求められていたのではないだろうか。

孫文は一九一四（民国三）年九月一日の「中華革命党宣言」において、

均已履行総章第七条之手続、填写誓約者、認為本党党員；協力同心、共図三次革命、迄於革命成功、憲法頒布、国基確定時、均由吾党党員完全負責。[74]

（総章第七条の手続きを履行し、誓約書に記入したものは、皆均しく本党の党員と認める。〔党員は〕力を合わせて心を一つにし、ともに第三革命を図り、革命が成功し、憲法を発布し、国の基礎が確定するまで、完全に我が党員が責任を負う。）

と述べ、憲法を発布し、国の基礎が確定するまで革命党がすべての責任を負うものと規定している。

筆者は本章第一節において、制定された〈「憲法」を支える力〉を軍政府に求める場合、軍政府は安定した長期的な統治体制を築かなければならず、この問題を解決するには、《国民》に軍政府の統治を正当なものとして受け入れてもらう必要があることを指摘した。そしてこれをどのようにして実現していくのか、孫文の想定する《国家》において、政治および人民を法の下に拘束する「憲法」の正当性・実効性はいかにして担保されるのかと、疑問を呈した。

孫文は、君主の存在を否定することによって生じた「憲法」を支え得る不易で絶対的な〈力の不在〉を、これらの規定によって中華革命党党首の権力を強めることで埋めようとしたのではないだろうか。

そしてそうであれば、孫文が「中華革命党総章」第六条で規定した、「すべての中国同胞は皆、本党に進む権利義務を有する」とする一文は、国家の主導軸である中華革命党のなかに《国民》を組み込むための条文であり、中華革命党の意思を《国民》の総意、即ち《国家》の意思とすることで、《革命時期》から《民主立憲制》に移行する際の、革命政府から国民政府への移行をスムーズに行おうとしたと考えられるのではないだろうか。

つまり孫文の想定する《革命時期》は、中華革命党と《国民》を同一化させ、《国民》と《国家》の繋がりをより強固にする段階として位置づけられるのである。

おわりに

以上のように本章では、中華革命党時期における孫文の《革命》構想がいかにして生み出されたのかを論じるとともに、この時期の孫文の《革命》構想について分析してきた。

辛亥革命以前、中国人民自らが漢民族であることを自覚し、その民族性を媒介として団結・共闘して《革命》を成功させることを望んでいた孫文は、漢民族が生来持つ民族という共通項により団結する《国家》を作ることに重点を置いていた。

この点において、孫文が主張していた「民主立憲制」は、辛亥革命以前より、梁啓超が提唱していた「議会制民主主義」の精神に基づく《共和立憲制》とは、異なる基準に立って導き出されたものであったと言える。

何故なら孫文は、中国に「民主立憲制」を導入することを目的としていたのではなく、生来持つ民族という共通項により結合した《国民》の上に、当時の彼が最新最良であると考えていた西欧諸国に代表される「民主立憲制」を導入することを望んでいたからである。

とはいえ、この時期の孫文の「民主立憲制」は、一九〇六年に提唱した「五権憲法」を見て分かるように、西欧諸国に代表される「民主立憲制」をただ模倣しただけのものではなかった。孫文はアメリカの選挙システムに疑問を抱いており、議会が強力な権限を有する責任内閣制に強い不信を抱いていたのである。

そのため、孫文の「民主立憲制」では、議会に大きな権限を付与する議会政党政治は想定されておらず、宋教仁が推し進めた議会主導の責任内閣制が確立されることは、決して望ましいことではなかった。

それゆえに宋教仁暗殺事件によって、中国における「議会制民主主義」の脆弱さが露見した時、孫文は再び《革命》を唱えたのである。そして第二革命の失敗と、中華革命党の結成を経て、孫文は自分流の「民主立憲制」を再構築した。《革命時期》を設定して《国民》を中華革命党に組み込むことで、《国民》と《国家》の繋がりをより強固にし、彼自身が考える最善の《民主立憲制》を実現させようと試みたのである。

第四章■北の《革命》構想の変容——『支那革命外史』

はじめに

第二章・第三章においては、孫文の《革命》構想に焦点を当て、辛亥革命以前、梁啓超主筆の『新民叢報』と論戦を繰り広げていくなかで打ち出された、孫文ら革命派の《革命》構想から、辛亥革命の成功とそれに伴う当時の中国社会の変容、そして革命後に建国された共和国家との関係を通じて、いかに中華革命党時期における、孫文の《革命》構想が生み出されたのか、について分析してきた。

筆者は、漢民族を《国民》と捉える孫文ら革命派と、国家思想を持つ者を《国民》と捉える梁啓超、両者が想定する国の基礎となる《国民》の在り方をめぐる攻防に決着がつくのが、辛亥革命であると捉えている。等身大の漢民族をあるがままに受け入れる孫文ら革命派の《革命》思想が、新軍や立憲派を含む清朝主導の政策に不満を抱くすべての人々のエネルギーを糾合して爆発的な《革命》のエネルギーを生み出し、最終的には満州王朝を終焉させるに至ったのである。

ところが、この新生「中華民国」は誕生した瞬間から、国家体制の本質の部分において非常に重大な問題を抱えていた。前述したように、辛亥革命の成功によって確立された中華民国は、梁啓超の提唱する国家意識を有する《国民》ではなく、孫文ら革命派の提唱する《国民》の上に誕生した国家であった。それゆえに絶対的権力を有する君主の存在は、この中華民国においては許容されるものではなく、民主国家としてすべての《国民》を法の下に拘束する「憲法」を作成するにあたり、いかにその正当性・実効性を担保し得るかという問題を内包していたのである。

一九〇六年に孫文が発表した《三序構想》がより具体化され実行されていれば、あるいはこの問題は現実化しなかったのかもしれない。しかし、爆発的な〈革命〉のエネルギーは孫文の想像を超えたところで事態を動かした。辛亥革命に際して独立を表明した各省の革命政権は、旧官僚・軍人・立憲派を含む混成部隊によるものとなり、革命派はその実権を完全に掌握することができなかったのである。そのために、革命後の中国は孫文の理想とは異なる道を歩みだすこととなる。

辛亥革命後に建設された共和国家において採用された政体は、辛亥革命前に孫文が想定した《三序構想》に基づく「民主立憲制」とは異なるものとなり、さらに『臨時約法』においては、袁世凱の野心を危惧した当時の参議院により、議会主導の責任内閣制が導入されることとなった。その結果、「憲法」の正当性・実効性を担保し得る存在を創造することができないまま早急に導入されたこの責任内閣制は、宋教仁の暗殺をきっかけとしてその脆弱さを露呈し、第二革命の勃発に至って完全に崩壊することとなったのである。

そしてこのような背景のなかで、孫文が新たに作ったのが中華革命党であった。生来持つ民族という共通項により結合した《国民》の上に、「民主立憲制」を導入しようとしていた彼は、この「中華革命党総章」のなかで従来の《三序構想》には見られなかった《革命時期》を新たに設け、自身が最善と考える《民主立憲制》への道を提示した。孫文は、《革命時期》を設定して、生来持つ民族性という媒介により結合した《国民》を中華革命党に組み込むことで、《国民》と《国家》の繋がりをより強固にし、欧米の先進国に対抗しうる新生中国を作り上げようとしたのである。

では、辛亥革命の勃発とともに中国に渡り、このような中国の革命とそれに伴う変容に直面した北一輝は、この現実の革命をどのように評価したのか。そして彼がこの革命に関与したことは、本書の第一章で明らかにしてきた彼の《革命》構想にどのような影響を与えたのか。

本章では北が革命から満一〇年の年に出版した『外史』を読み解くことによって、これらの疑問について考察する。

なお序章で述べたように、先行研究においては『外史』の前半部と後半部を区分せずに論じているものがほとんどであるが、[1]本書では『外史』から北の論を分析するにあたり、前半部と後半部に分けて分析することを先に注記しておく。これは『外史』の前半部と後半部で、書かれた時期にズレがあるからであり、北は一九一五（大正四）年一〇月から一二月にかけて「一　緒言」から「八　南京政府崩壊の経過」を書いた後に執筆を中断し、翌年四月から五月の間に「九　投降将軍袁世凱」から「二十　英独の元寇襲来」を書き上げている。

執筆を中断した理由については、北自身が「序文」で、

此書は翌四年、故袁世凱が帝政計画を遂行し日本の施策再び三たび謬妄を重ねんとしつゝあるを見て、其年の十一月執筆の傍より印刷しつゝ、時の権力執行の地位に在る人々に示した者である。第八章「南京政府崩壊の真相」（「南京政府崩壊の経過」の誤り）迄が其れである。然るに暗合の如く一致して同月故蔡鍔が雲南から通称第三革命といふ討袁の兵を挙げたので、革命党の諸友悉く動き、故譚人鳳の上京して時の大隈内閣との交渉を試むる等のことあり、為めに筆を中止した。[2]

と述べているように、政府当局者に頒布するために『外史』前半部の印刷を急いでいた最中に第三革命[3]が起こり、来日した革命派の重鎮である譚人鳳と、大隈内閣の交渉を実現させようと奔走していたためであった。しかし、この執筆を中断したわずか数カ月後に書き上げた『外史』後半部において、前半部

とまったく異なる主張が展開されるのである。

北の主張がどのように異なるのかについては、本章において明らかにしていくことであるが、『外史』における前半部と後半部の主張の違いについては、当時東京帝国大学法科大学教授であった吉野作造も次のように言及している。

先般出した支那革命及日本外交革命〔『外史』原題〕[4]は前半は非常に立派なもので近来の名論と思つたので国家学会雑誌で批評しようと思つたが、後半が私と意見が違つて居りますので差控えましたが遺憾なことです云々[5]
最も北君の意見書〔支那革命及日本外交革命〕の後半には全然承服し難い点がある。けれども其前半の支那革命党の意気を論ずるの数章に至つては恐らく此同種類の書中北君の書を以て白眉とすべきであろう。[6]

これらのことからすれば、『外史』は前半部と後半部に分けて分析する必要がある。

そこで本章では、第一節で『外史』前半部、第二節で『外史』後半部にそれぞれ焦点を当てて分析し、現実の革命とそれに伴う変容に直面した北の、中国の「革命」に対する評価と北の主張の変化について言及する。

第一節　『支那革命外史』前半部における北の中国革命

一　指導書としての『支那革命外史』

本章で取り上げる『外史』は、自ら辛亥革命の戦火を経験した北一輝が、革命から満一〇年の年に出版した書として知られるが、これは単なる歴史書ではない。彼はこの『外史』の「支那革命外史序」[7]において、

今秋の十月十日で清朝三百年の君主政治を転覆した武漢の烽火から満十年目になる。……徒らに民主国の名を冠して而も何等の建設、何等の破壊を為し得なんだ爾後十年間の支那は、支那自身の為めにも恥づべき限りであつた。……支那の革命を啓発した戦争の国家的大道念其者を喪失してウロウロして居たのが爾後十年間の日本であつた。日本自身の恥辱に於て支那の百千倍である。[8]

と述べており、「革命」を成し遂げられなかった中国以上に、明治維新の「国家的大道念」を喪失した革命後十年間の日本の政策を批判したうえで、

故に此の書は支那の革命史を目的としたものでないことは論ない。清末革命の前後に亘る理論的解説と革命支那の今後に対する指導的論議である。同時に支那の革命と並行して日本の対支策及び対

世界策の革命的一変を討論力説してある。則ち「革命支那」と「革命的対外策」といふ二個の論題を一個不可分的に論述したものである。[9]

と本書の内容を定義している。

このことから『外史』は、「支那革命」がいかなるものであり、今後どのような道を辿るものであるのかを明らかにするとともに、この革命に直面した日本が、今後の中国・世界にいかに相対して行くべきかを論じた、北による指導書であったと言える。[10]

では、北は「支那革命」をどのようなものとして捉えたのか。

二　排満と興漢――中国の革命の目的

北は「四　革命党の覚醒時代」において、革命後の中国について、

曰く、革命の目的が漢民族の復興に在り且つ米国的夢想の行ふべからざることなりとせば、漢人たる袁世凱の治下に国家の統一を得ば目的の結局にあらずや。……已に排満の目的を達したる今日、漢人によりて統治せらるゝ漢人の為めの政治たらば第二革命と云ひ第三革命といふが如きは却つて割亡を促進せしむるに過ぎざる乱賊に非らずやと。……然らば問わん、支那自らが已に然りとせば今後再三生ずべき支那の動乱は単なる政権争奪にして革命ならざるべしと。[11]

と述べ、中国における革命の目的が、「米国的夢想」[12]の否定と、孫文の言う民族的覚醒による漢民族の復興とにあるのならば、袁世凱によって国家が統一され、漢人のための政治が成った今日において、革命の目的は達成されたことになると論じる。そして、この文に続いて、革命党や多くの論客は物事のうわべだけを見て判断しているから、第二革命・第三革命を、このように単なる政権争奪と捉えていると嘆き、革命の目的は別の所にあると指摘する。[13]

では、北の言う〈革命の目的〉とは何か。彼は「四 革命党の覚醒時代」の続きで、

『排満革命』は『興漢革命』の前提的運動にして、袁世凱に対する革命党の抗争は亡国階級と興国階級との革命的決勝の継続戦なればなり。……支那が排満の民族的革命を求めたるは同時に袁が代表する亡国階級の根本的一掃を求むるもの。真の近代的組織有機的統一の国家を建設せんが為めの興漢革命を要求する者なればなり。一掃さるべき階級と其代表者の覆没とは、支那が積弱割亡の禍根を芟除して能く一国として存立し得るや否やを決せんが為めの革命にして、——則ち排満は興漢の予備運動にして、微少なる袁孫の交迭を意味せず。[14]

と述べ、中国革命の目的は「真の近代的組織と有機的統一の国家」を建設することと述べる。『国体論』において中国を「統治権を皇帝の利益の為めに存する財産権として官職を売買しつゝ、ある支那朝鮮」[15]と評価した北は、中国革命も維新革命と同様、《国家意識の覚醒》によって「家長国」から「公民国家」へと進化しようとするものとして捉えていた。しかし、日本においては、《国家》を物格として扱う貴族主義（君主主義）を破壊することによって、《国家》が利益の帰属すべき権利主権であるこ

とを体現できたのに対し、清王朝によって統治されていた中国では、君主主義を破壊する他に、もう一つなすべきことがあった。

北は「三　革命を啓発せる日本思想」において、清王朝は日本の国民精神が国家民族主義にあるのをみて、留学生を派遣したが、留学生は日本の忠孝道徳から「己の君を亡ぼし国を奪へる者と共に天を戴かざる事[16]」を学んだと述べている。彼の理解では、漢民族は自らが属する《国家》を奪われた者であった。それゆえに、自らが属する《国家》を取り戻す《排満革命》が必要だったのである。

では、彼の言う《興漢革命》、「亡国階級と興国階級との革命的決勝の継続戦」とは何を意味するのか。北は《亡国階級》が何であるか、文中で定義こそしていないものの、「支那の表皮にして武漢の一挙に亡ぶべき程に腐爛頽廃せる亡国階級[17]」と評し、フランスの亡命貴族を「仏蘭西革命党の新興階級より駆逐せられたる彼等亡国階級[18]」と述べていることから、彼の言う《亡国階級》が「家長国」において統治権の主体として《国家》を私物化していた君主・貴族を指していることが分かる。つまり、彼の言う《興漢革命》こそ、《国家》が利益の帰属すべき権利主権であることを体現するものであった。

それゆえに、彼にとっての中国革命は、単に漢民族が政権を担う国家を樹立するだけで終わりではない。むしろ《排満革命》の後に起こる《興漢革命》によって袁世凱に代表される《亡国階級》を一掃することこそが、中国《革命》の本義であった。そして、これによってはじめて、《革命》の目的である、「真の近代的組織と有機的統一の国家」が名実ともに建設されるのである。

では北一輝の言う、中国における「真の近代的組織と有機的統一の国家」とはどのようなものか。

三　真の近代的組織と有機的統一の国家——《東洋的共和政体》

「七　南京政府設立の真相」において、北は、

特に況んや其の共和政たる、革命党の未覚醒時代に於ては孫君の其れを盲守したりしとは云へ、中華民国憲法〔『臨時約法』〕に現はれたる理想は全然彼〔孫文〕の米国的迷想を払拭し除却して一個厳然たる東洋的共和政体を樹立したる者なり。則ち大総統は米国の責任制と反し自ら政治を為さず内閣をして責を負はしめ単に栄誉の国柱として立つ事と、米国的連邦に非ずして統一的中央政権制なるべしと云ふ二大原則の下に編纂されたる、寧ろ仏国の其れに近き支那自らの共和政体なり。[19]

と論じており、このことから、彼の言う、中国における「真の近代的組織と有機的統一の国家」とは《東洋的共和政体》、内閣が実際の行政権を持ち大統領を栄誉の国柱として政治から切り離す議院内閣制と、統一的中央政権制であることが分かる。

北が新中国の国家形態として、アメリカの連邦制ではなく、フランスの統一的中央政権制を支持する理由については、自明の理である。〈国家〉を有機的人格として捉える彼にとって、単一国家である中国で連邦制を採用することは、《国家》の意志を弱め主権の所在を割ることに他ならず、彼の進化論からすれば逆行することになるからである。

では北が、アメリカの大統領責任制を否定して、大統領を栄誉の国柱として政治から切り離すフランスを手本とする議院内閣制を、中国における《公民国家》の理想の国体と考えるのは何故か。

彼は「二　孫逸仙の米国的理想は革命党の理想にあらず」の一節においてアメリカと中国の国民を比較し、アメリカの国民を「君国を捨つるも自由に背く能はずとなし、信仰の自由のために君国に容れられずして移住せる者の子孫」、中国の国民を「全く自由と正反対なる服従の道徳即ち親に服し君に従ふ忠孝を以て家を斉へ国を治め来れる者」と定義[20]している。

そしてそのうえで、大統領が大きな権限を持つアメリカの共和政について、

> 世界の共和国中独り米合衆国に於てのみ反動と革命の反覆なきは其の建国が単なる分離にして革命に依りたるものにあらず、従て大統領が親ら責任を負ひて反対党の監督の下に政治を為すは反対の自由監督の自由を尊重する国民精神の自由あるが故なり。自由の覚醒せざる、又は覚醒せんとして尚ほ専制の歴史的堕力に捉はるゝ国に於ては、決して米国の如き制度に拠りて自由を擁護し得べきものにあらず[21]。

と述べ、アメリカの共和制を「翻訳輸入[22]」しようとする孫文[23]を批判する。ここで彼がいう自由の覚醒は、天賦人権説に基づく「人は生まれながらにして自由である」ことに人々が気づくという意味ではない。

本書の第一章で述べたように、北は『国体論』において、〈平等観の拡張〉によって自身が《国家》の一分子であることに全国民が覚醒し、《公民国家》へと進化するのであり、《国家》主権であることが「憲法」によって保障された《公民国家》になれば、一個人の利益のために他の個人が犠牲にされてはならないと国民が自覚する民主主義の世となると考えていた。彼の論によれば、人の〈自由〉は、生まれながらにして持つ権利ではなく、社会が個人の自由を尊重し許容する段階に入ってはじめて保障され

るのである。

北は、歴史を一貫する国民精神によって《自由》[24]が保障されるアメリカにおいては、大統領責任制が成り立つが、国民精神がアメリカとは異なる中国においては、未だ国民が《自由》に覚醒しているとは言い難い状況にあると捉えていた。それゆえに、このような国においては、大総統は栄誉の国柱として政治的権力を持たない存在であることが理想的であり、アメリカのように大統領が大きな権限を持つ大統領責任制を導入することは、強権を有する大総統とその与党による「反対党の存立し得べき凡ての自由を蹂躙せずんば止まざる[25]」専制政治を引き起こしかねないと考えたのである。

では中国において、前記の《東洋的共和政体》、大統領を栄誉の国柱として政治から切り離して内閣が実際の行政権を持つ議院内閣制と統一的中央政権制は、どのようにして成し遂げられるのか。

四 「中華民国臨時約法」の持つ意味

北は『外史』前半部のなかで具体的な方策について明らかにしていないが、「八　南京政府崩壊の経過」において、

不肖は実に此国家大典の樹立せし際に於て支那の覚醒が深き根拠を有するを見たり。則ち日本的思想により国粋文学によりて已に国家的覚醒統一的要求の真精神なくんば、米国制の非国家的分立的翻訳は当時の孫君の光輝と群集心理によりて新共和国に禍因を播きしやも知るべからざりしなり。[26]

と述べ、「此国家大典」を樹立したことが中国の覚醒を証明していると論じている。「此国家大典」とは、前項で取りあげた「七　南京政府設立の真相」の一節において、北が「中華民国憲法に現はれたる理想は……一個厳然たる東洋的共和政体を樹立したる者なり」と述べていることから、一九一二（民国元）年三月一一日に制定された『臨時約法』を指していると考えられる。

本書の第一章で述べたように、近代国家の成立を《国家意識の覚醒》による「家長国」から「公民国家」への進化と捉える北にとって、〈「憲法」の制定〉は非常に大きな意味を持っていた。

何故なら主体である《国家》が法的に人格として保障される時代が「公民国家」であると考える北からすれば、《国家》の主権を法的に保護する「憲法」を制定することこそ、中国国民の《国家意識の覚醒》を証明することに他ならないからである。

それゆえに彼は、《国家》の主権を保障する最高法規であるこの『臨時約法』において、議会が強力な権限を有する議院内閣制を採る旨が明記されていることを、「実に漢民族の政治能力がラテン、チュートン等の其れに劣らざる有力明白なる実証[27]」と述べて賞賛する。

北が『外史』前半部を執筆していた当時、中国では袁世凱の弾圧によって議会そのものが機能停止状態にあったが、それでも彼が「七　南京政府設立の真相」において、

仏蘭西が幾多の変乱を経しにせよ、日本が万機公論に決すべきを二十三年間口約に止めたりしにせよ、支那の将来を観ずる者は假令時に反動の波浪に洗はる、事のありとも日本に東洋的立憲政ある如く支那に東洋的共和政の動かすべからざることを思念せざるべからず。[28]

と述べ、たとえ反動によって議会が機能しない時が一時的にあったとしても、必ず中国において《東洋的共和政体》を実現できると断言したのもこのためである。

北は『臨時約法』を制定した中国国民は《国家意識の覚醒》を果たしたものと捉え、彼らの政治能力に深い信頼を寄せていた。それゆえに『国体論』において、《国家意識の覚醒》を果たした『帝国憲法』下の日本で普通選挙を導入すれば、国体は自ずから経済的公民国家へと進化すると説明していたのと同様に、『臨時約法』下の中国において国民より選ばれた議会が《国家》の意志を体現すれば、国体は自ずから《東洋的共和政体》を実現しうると考えたのである。

以上のことから、北の言う中国革命は、自らの《国家》を取り戻す《排満革命》と、袁世凱に代表される《亡国階級》を根本的に一掃する《興漢革命》により、『臨時約法』に明示された《東洋的共和政体》を実現させることを指していたことが分かる。そしてこの《東洋的共和政体》は、北の中国国民の政治能力に対する信頼[29]により成り立つものであった。

しかし、中国国民の政治能力に深い信頼を抱いていた北の革命論は、『外史』後半部に入ると一変することとなる。

第二節　『支那革命外史』後半部における北の中国革命

一　革命の本質――「自由」と「統一」に基づく近代的統一

まず変化が顕著に現れるのは、「十五　君主政と共和政の本義」において、北が「革命」の本質について述べる一節である。

彼は、「中国は固より君主政体を採っており、それは建国以来の歴史が証明している。しかし、袁世凱は自身が所属する中世的思想と中世的代官階級がすでに亡びつつある過去の遺物であることを知らず、近代的君主政体を建つべき国民的基礎を有せざることを理解できていない。また中国は、君主国であったフランスが革命により共和国となった先例があるから、共和政体を採ることも可能である。しかし、孫文が主張する植民地的思想と米国的社会組織は現在の中国にはそぐわない[30]」と論じたうえで、

不肖は断言す。袁に依らざる君主政体と孫に導かれざる共和政体とは共に両つながら支那に於て真理なりと。而して更に断言す。真理とは実現の立証を待ちて真理たるものなるが故に君主政体と共和政体とは支那に於て両つながら交はる交はる或は幸ひなれば同時に行はるゝものなりと。[31]

と述べる。真理は実現されてはじめて真理であるのだから、中国の採るべき政体は、君主政体でも共和政体でもよく、君主政体と共和政体の両立もありえると言うのである。ここですでに、『臨時約法』に

明示され、唯一の理想であり必ず実現できるものとして《東洋的共和政体》を掲げた、『外史』前半部の北の主張とズレが生じている。

何故彼は、中国における政体がいずれの政体でもかまわないと論を転じたのか。北は続けて、

此逆説真理は仏蘭西革命と維新革命とが形式及び径路に於て悉く異なるに係らず、「自由」と「統一」との歴史的進行の本質に於て全く同一なることを看取せる者にのみ理解せらるべし。[32]

と論じ、フランス革命と維新革命を例に挙げて、これらの革命が一見して全く異なるものに見えても、歴史的進行の本質は同じであると述べている。

「『自由』と『統一』が歴史的進行の本質に於て全く同一である」とはどういうことか。

まず注意しておくことは、彼がこの一節で言う「自由」が、『国体論』において彼が論じている〈平等観の拡張〉を前提とする《自由》、自身が《国家》の一部分であることを全国民が覚醒することによってはじめて保障される、近代的意義での《自由》とは別のものを指しているということである。

ここでの彼は「革命」が起こる理由として、旧統一的権力を否定し打破し得る「思考の自由」と自由思考を実行することができる程度にまで旧専制力を打ち壊す「実行の自由」を挙げ、「革命」が起こる理由について、

是れ社会的解体の意味に於ける自由なり。従つて革命とは自由を得んが為めに来るものに非ずして、自由を与へられたるが故に起るものなりとも考へ得べし。[33]

と述べている。ここでの北の論によれば、《自由》を得ようとして「革命」が起こるのではない。「思考の自由」「実行の自由」が、抑圧力を失った旧政治形態が崩壊する社会的解体の結果として生じるから、「革命」が起こるのである。そしてこの〈自由〉は、旧政治形態が崩壊する社会的解体の結果として生まれたものであるがゆえに、本質的に自己抑止力を持たない、〈破壊衝動を伴う自由〉である。

それゆえに北は、この〈自由〉を「是れ野蛮人及び動物の生れながらに有する本能的自由」[34]と定義し、この生物的本能と政治的社会組織が両立し得ない時、天賦の本能的衝動に従ってこの本能を拘束する社会組織を破壊すると述べる。[35]家畜が檻を出て野生となれば、食べていくために猛獣の天賦を現すのと同様に、近代史が自由なき中世史から脱却するために人類を獰猛な破壊に駆り立てる、それが「革命」であると論じるのである。

このように考える北は、『外史』後半部の「十五　君主政と共和政の本義」において、

革命が自由政治を求めずして専制的統一を渇仰するは東西に符節を合する如し。[36]

と「革命」の本質について定義する。

『国体論』においては、「革命」を国民の《国家意識の覚醒》によるものと論じていた彼であったが、現実の革命を目の当たりにして、「革命」を一切の抑制が無い、人々の《本能的自由》の発露であると捉えなおし、これらを統制する専制的統一こそが「革命」の目的であると訴えたのである。

このような、「革命」を《本能的自由》の顕現による旧政治的社会組織の破壊と捉える見方は、『国体論』には見られなかった。ただし、『外史』後半部を執筆するにあたり、彼の国家観が『国体論』執筆

時と全く別のものに変わった訳ではない。

「十五　君主政と共和政の本義」において北は、

四億万民が各自権利の主体にして君主と其の代官とのために存する物格にあらずとの覚醒は、実に中世的君主政治を排除して近代的共和政治を樹立し得べき根基にあらずして何ぞ。[37]

と述べており、近代を「家長国」からの脱却とする見方を、『国体論』より引き継いでいることが分かる。

しかし、有機的人格である《国家》との関係で、国民の覚醒や個人の権利を説明していた『国体論』とは異なり、ここでは《国家》とのかかわりについての記述はなく、四億万人の国民が「各自権利の主体」であると述べられている。このことから、『外史』後半部では、君主を含めたすべての国民が、《国家》が何たるかを知り、自身が《国家》の分子であることを意識する《国家意識の覚醒》ではなく、国民個人の権利意識の覚醒が、近代「革命」の前提として現れていると考えられる。

つまり、抑圧力を失った旧政治形態が崩壊する社会的解体の結果として、「思考の自由」「実行の自由」といった《本能的自由》が生じ、国民は各自権利の主体として覚醒する。そして権利の主体として覚醒した国民は、一部の君主と貴族の利益のために存在する物格として扱われていた「家長国」時代に見切りをつけるのである。

それゆえに彼は、

其の国家組織の基礎が自由民なるか、或る所有者に属する経済的物件たる人類なるかゞ近代的統一と中世的専制とを段割する者なり。[38]

と述べ、この《近代的統一》について、

何となれば近代的統一とは自由の基礎の上に建てられたる専制にして、又自由を保護すべき為めの統一なればなり。[39]

と論じる。ここで北が述べている近代国家は、《本能的自由》の発露により「家長国」を破壊し、各自が権利の主体として覚醒した国民によって求められたものであって、国民の《国家意識の覚醒》を前提とするものではない。そのため、未だ《国家意識の覚醒》が普及していない《国家》において、国民の自由を守るために、専制的統一が必要となるのである。

このような考えに立つ『外史』後半部の彼にとって、共和政を採るか、君主政を採るかという問題は、もはや形式上の問題に過ぎないものとなった。いかにして「『自由』と『統一』に基づく近代的統一」を確立するかが、最重要課題であったからである。

二　北の《革命》構想の変容――《東洋的共和政》の提示

では中国において、「『自由』と『統一』に基づく近代的統一」をいかにして確立するのか。北は「十六東洋的共和政とは何ぞや」において、不肖は今の反動的一代官に代はれる真の革命的統一者が必ずや袁輩を千百倍せる一大専制家なるべきことを、予じめ非常なる確信に於て断言せんと欲す。……何者の愚ぞ君主政と共和政の可否如何の如き物質文明者流の翻訳を事とするか[40]。

と説明している。

前述したように、革命を《本能的自由》の発露と捉え、国民の自由を守るためには専制的統一が必要であると考えなおした彼にとって、共和政を採るか君主政を採るかという問題は、形式上の問題に過ぎなくなった。何故なら、「いかなる自由意思であっても国民がこれを投票によって表明すること」を共和政というならば、未だ《亡国階級》が跋扈して《国家意識の覚醒》が普及していない中国では、「反動者の自由を尊重して封建貴族を再建し、現在および将来の自由政治を破壊するという理論的自殺[41]」に陥ってしまうからである。

それゆえに彼が『外史』後半部で重要視したのは、旧権力の暗躍による中世的反動が起ころうとした時に、いかに《国家意識の覚醒》に至っていない国民の自由を守るかであった。北は、今後の大総統および革命政府は「将来永遠なる自由と統一との為めに幾十万の中世的魔群を屠殺せざるべからざる義務を天地の大道に向つて負ふ[42]」ものであると論じて、真の革命的統一者は、《亡国階級》を一掃して四億万人の国民の自由を擁護・扶植する、袁世凱を凌駕する一大専制家でなければならないと断言するのである。

では彼が言う、袁世凱を凌駕する一大専制家とは、どのような存在を指すのか。北は「十六　東洋的共和政とは何ぞや」において、欧米の共和政治が希臘の古代に理想の回顧を有せしとせば、黄人の共和国は更に近き中世史蒙古の建国に模範を持てり。黄人の共和国は更に近き中世史蒙古の建国に模範を持てり。実に成吉思汗〔モンゴル帝国の始祖、チンギス＝ハン（太祖）〕と云ひ、窩濶台汗〔同第二代皇帝、オゴタイ＝ハン（太宗）〕と云ひ、忽必烈汗〔同第五代皇帝、フビライ＝ハン（世祖）〕と云ひ、君位を世襲継承せし君主に非ずして「クリルタイ」と名くる大会議によりて選挙されしシーザーなり。而してシーザーの羅馬よりも遙かに自由に遙かに統一し更に遙かに多く征服したり。……革命の支那は自由と統一との覚醒によりて将に最も光輝ありし共和政的中世史の其れを探りて窩濶台汗を求めんとす。[43]

と述べている。「クリルタイ」より選挙されたオゴタイ＝ハンによって統治された中世のモンゴル帝国こそ、ローマよりもはるかに「自由」と「統一」に覚醒していたと考えた北は、革命の最中にある中国が目指すべき共和政について、

「東洋的共和政」とは神前に戈を列ねて集まれる諸汗より選挙されし窩濶台汗が明白に終身大総統たりし如く、天の命を享けし元首に統治せらるゝ共和政体なりとす。[44]

と述べ、中世史におけるモンゴル帝国の建国を規範とした《東洋的共和政》を提示する。

ここで描かれる大総統は、天の使命を享けて立つオゴタイ＝ハンの如き元首であって、断じて投票により構成される議会によって選出されるものではない。それは、大総統を補佐する者として、北が指名する革命の元勲についても同様である。

彼は同章において、

而も彼等〔革命の元勲〕は投票の覚醒なき国民の法理的無効なる投票によりて議会に来る者に非ず。旧権力階級を打破せる勲功と力とによりて自身が自身を選出すべき者。断じて世の所謂人民の選挙に非ず。[45]

と述べており、元勲は選挙ではなく「旧権力階級を打破せる勲功と力とによりて」立たなければならないと断言している。

このような北の評価は、『外史』前半部の《東洋的共和政体》におけるそれとは全く異なっている。前半部において、「栄誉の国柱」として描かれていた大総統、『臨時約法』を根拠とした主体である《国家》の意志を体現する議会に対する信頼は、もはやここでは見られないのである。

おわりに

以上のことから『外史』前半部で北が主張した《東洋的共和政体》と、後半部で北が主張した《東洋的共和政》は、ほぼ同じ言葉が使われているにもかかわらず、その内容は全く異なるものを指していたと言える。

そして一見すれば、この《東洋的共和政体》から《東洋的共和政》への北の主張の変化は、内閣が実際の行政権を持つ議院内閣制を採るか、人民の選挙によらず大総統と元勲が大きな権限を持つ革命独裁を採るか、という政体構造の違いとして表れる。

このような違い――『外史』前半部の《東洋的共和政体》と後半部の《東洋的共和政》の政体構造の違い――については、はやくから宮本盛太郎氏が言及している。氏は、一九七五（昭和五〇）年に出版した『北一輝研究』において、『外史』前半部の《東洋的共和政体》では民選議会の存在を前提として論が進められていることに着目し、「『中華民国憲法』の理想に現れていると北が考えた民選議会を前提とした『東洋的共和政体』と、民選議会を前提とせず、民主的自由を守るための独裁を行なう革命時の中国にあるべき『東洋的共和政（体）』との二つの型がある」[46]と分析した。

しかし北がこのように主張を変化させた理由については、

恐らく、後半部の激しい「革命独裁」の記述は、現在までに我々の知り得たことがらによって判断する限り、彼の『法華経』受容による心理状態の大きな転回の反映なのであろう。[47]

と説明するに留まっている。[48]

また『外史』を前半部・後半部に分けて分析した萩原稔氏は、中国の分裂をもたらすのではないかと北が危惧していた第三革命によって、袁世凱の帝政取り消しの表明というとりあえずの成功がもたらされたという事実が、彼の「革命」論に少なからぬ影響を与えることになったと説明し、[49]

しかし〔前文に『国体論』同様『外史』前半部においても北は人間の合理性に信頼感を抱いていたとの説明あり〕第三革命の予想外の成功は、人間の理性的な判断を超えたところで革命が動く、ということを北に知らしめた。ゆえに彼は議会革命に代わって、「天」という絶対的な権威を背景とするカリスマ的指導者、いわゆる「窩濶台汗」を中心とする革命独裁という手段を選びとった。[50]

と分析しているが、この内容を裏づける具体的な根拠は示されていない。

このように従来の研究においては、『国体論』から『改造法案』への北の思想的変遷を分析することに力を注いでいるためか、『外史』の前半部と後半部で北の主張が変化した理由についてはあまり注視されず、その研究の多くが、北の主張が変化した理由を、法華経信仰に傾倒[51]したことによる心境の変化の一つ[52]として説明している。

確かに『外史』後半部においては、「弥陀の利剣[53]」「天の加護[54]」などの宗教色の強い語句が端々に散見される。しかし、これまで述べてきたことから考えれば、『外史』後半部において北がそれまでの議会に対する信頼を捨てて「『窩濶台汗』を中心とする革命独裁」を主張したのは、国民が《国家意識の覚醒》をなし得ていない今の中国では、投票が《国家》の意思を表明するためのものとして機能していないと

■表1　『国体論』及び『外史』前半部における北の《革命》構想

中世まで：国家が物格　　　　近代以降：国家が主体

家長国 ――――→ 公民国家

君主が国家主権を占有　　　　君主をも国家の一員として包含

国体そのものの変更＝「武力革命」

平等観の拡張 →《国家意識の覚醒》→ 個人の《自由》の保障

■表2　『外史』後半部における北の《革命》構想

君主が国家主権を占有　　　　君主をも国家の一員として包含
＝「家長国」（国家が物格）　　＝「公民国家」（国家が主体）

中世的君主政治 ――――→ 近代的共和政治

国体そのものの変更＝「武力革命」

《本能的自由》→ 国民個人の権利意識の覚醒
「思考の自由」「実行の自由」

考えたからである。

それゆえに彼は、「十六　東洋的共和政とは何ぞや」において、

> 即ち適切に言へば、彼等〔革命の元勲〕は新国家の新統治階級を組織すべき「上院」の人なり。真に国民の自由意志を代表する「下院」は、下院を組織すべき国民を隠蔽せる今の中世的階級を一掃屠殺したる後ならざるべからず。……支那に於ては不合理にして不可能なる衆議院は今後約十年明かに不用なり。東洋的共和政は大総統と上院にて足れり。[55]

と述べ、中世的階級を一掃して国民が《国家意識の覚醒》を得た後でなければ、真に国民の自由意思を代表する「下院」を組織することはできないと論じるのである。

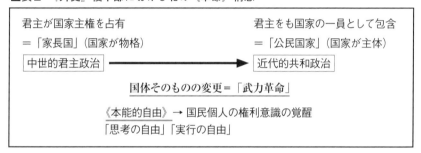

そして北がこのように主張する背景には、近代における「革命」に対する彼の捉え方そのものの変化がある。

『国体論』からの主張を踏襲する『外史』前半部における北は、〈平等観の拡張〉を背景に《国家》の一部分であることに覚醒した国民の手によって、近代の「革命」が成し遂げられると考えていた〔前頁表1参照〕。それゆえに、自身が《国家》の一部分であることを国民が自覚する《国家意識の覚醒》は、『外史』前半部における北にとって近代国家成立の大前提であり、自らの《国家》を取り戻す《排満革命》を成功させた中国においても、国民は《国家意識の覚醒》をなし得たものと捉えていた。そのため、『臨時約法』下の中国において議会が《国家》の意志を体現すれば、《東洋的共和政体》を実現しうると考えたのである。

しかし、『外史』後半部における北は、抑圧力を失った旧政治形態が崩壊する社会的解体の結果として生じる「思考の自由」「実行の自由」といった、一切の抑制が無い《本能的自由》の発露が「革命」の本質であると捉え、国民個人の権利意識に覚醒した国民の手によって、近代の「革命」が成し遂げられると考えを改めた〔前頁表2参照〕。

それゆえに『外史』後半部における北にとって、前半部とは異なり、近代の「革命」の成功は、自身が《国家》の一部分であることを国民が自覚する《国家意識の覚醒》と直接結びつかなくなり、これを基礎とする議会による政治主導は、革命直後の中国においても全く期待できないものとなった。そして、未だ《国家意識の覚醒》が普及していない中国において、国民の自由を守るためには、オゴタイ＝ハンの如き「天の命を享けし」元首を中心とする専制的統一が必要であり、これこそが中国において実現すべき《東洋的共和政》であると主張するのである。

第五章■孫文と北一輝の〈革命〉構想

はじめに

前章では、前半部と後半部で執筆時期にズレがある『外史』を前後二部に分けて考察し、それぞれの北一輝の《革命》構想を分析した。その結果明らかになったのは、『外史』前半部と後半部で、近代における「革命」に対する北の捉え方が大きく変化していることである。

「革命」を国民の《国家意識の覚醒》によるものと捉えていた『国体論』からの主張を踏襲していた『外史』前半部と異なり、『外史』後半部における北は、一切の抑制が無い《本能的自由》の発露こそが辛亥革命を含む近代における「革命」の実態であると捉えなおし、前半部と異なる《東洋的共和政》の実現を提唱した。

国民の《国家意識の覚醒》を前提とする議会政治を否定し、「近代的統一」とは「自由の基礎の上に建てられたる専制」であると主張して、天の使命を享けて立つオゴタイ＝ハンの如き元首を中心とする強権的統一を希求するのである。

ところが、このような『外史』後半部に見られる北の主張を、第三章において考察した中華革命党を設立した時期の孫文の《革命》構想と比較した時、ある点に気づく。

孫文と北一輝、辛亥革命・第二革命・第三革命といった中国をめぐる大きな変動のなかで、時期は多少異なるものの両者ともに《革命》構想に大きな変化が見られること、そして変化後の両者の《革命》構想に驚くほどの一致点が見られること（この一致点については、本章で詳述する）である。

しかし序章で述べたように北一輝は、辛亥革命後の国家の在り方をめぐって孫文と対立していた、宋教仁の盟友であった人物である。また第三章で述べたように、彼は宋教仁暗殺事件に際して、『外史』において孫文を事件の首謀者の一人であると断言している。その北一輝の《革命》構想が、中華革命党を設立した時期の孫文の《革命》構想と驚くほどの一致点が見られることは、どのように捉えればよいのか。

第一節　孫文と北一輝

一　自由に対する解釈の変化――孫文と北一輝の一致

『外史』後半部に見られる北一輝の《革命》構想を、中華革命党を設立した時期の孫文の《革命》構想と比較した時、まず指摘できるのは、両者が《革命》を主導する指導者層に、一般の中国人民の意志（大きな意味での民意）に左右されない強権的な力を付与することを想定していることである。

本書の第三章第二節で述べたように、孫文は「中華革命党総章」において、新中国建国の順序として「軍政期」「訓政期」「憲政期」の三つの段階を規定し、「軍政期」から憲法を発布するまでの《革命時期》を経て「憲政期」に至って革命が完結するものとしたうえで、このうちの《革命時期》については、第一二条において、参政権及び執政権の優先的権利を、革命軍が蜂起する以前に入党した「首義党員」のみに与えるものと規定した。

このような孫文の、《革命時期》における革命党員による国家の主導は、「革命の勲功と力によって自選する」上院の諸汗と、上院に推挙される大総統によって構成される、北の考える《東洋的共和政》における政体構造と、非常に近いものがある。[1]

しかし、それ以上に着目したいのは、両者の「自由」に対する捉え方が一致していることである。

孫文は一九二四（民国一三）年三月一六日、『三民主義』講演の「民権主義」第二講において、「自由とは、簡単に言えば一つの集団のなかで思いのままに動くことである」[2]と述べ、また、

欧洲人当時争自由、不過是一種狂熱。后来狂熱漸漸冷了、便知道自由有好的和不好的両方面、不是神聖的東西。所以外国人説中国人是一片散沙、我們是承認的；但是説中国人不懂自由、政治思想薄弱、我們便不能承認。中国人為什麽是一片散沙呢？由于什麽東西弄成一片散沙呢？就是因為是各人的自由太多。由于中国人自由太多、所以中国要革命。[3]

（欧州人が当時自由のために戦ったのは、一種の熱狂に過ぎなかった。しだいに熱狂が冷めると、自由には良い面と悪い面の二面性があり、神聖なものではないことが分かってきた。だから外国人が中国人をばらばらな砂であると言うのを、我々は承認する。ただし、彼らが中国人は自由を知らず、政治思想が薄弱だと言うことについては、我々は承認できない。中国人は何故ばらばらな砂なのか？何によってばらばらな砂にされたのか？それは各人の自由があまりに多すぎたからだ。中国人の自由があまりに多すぎたから、中国は革命しなければならない。）

と論じている。

もちろん、孫文が一九二四年に講演したこの「民権主義」第二講を根拠として、彼が「中国人の自由があまりに多すぎたから、中国は革命しなければならない」とする考えを中華革命党結成時から持っていたと、遡って断定することはできない。

しかし孫文が「中華革命党総章」第七条において「本党に入党する者はすべて、必ず自己の生命・自由・権利を犠牲にして、革命の成功を図ることを条件として、誓約・宣誓し、永久に〔これを〕遵守しなければならない」と規定したことを考えれば、孫文の言う〈自由〉は、《国家意識の覚醒》に基づく近代的意義での《自由》ではなく、意識的に規制しなければならない〈自由〉、北の考える《本能的自由》

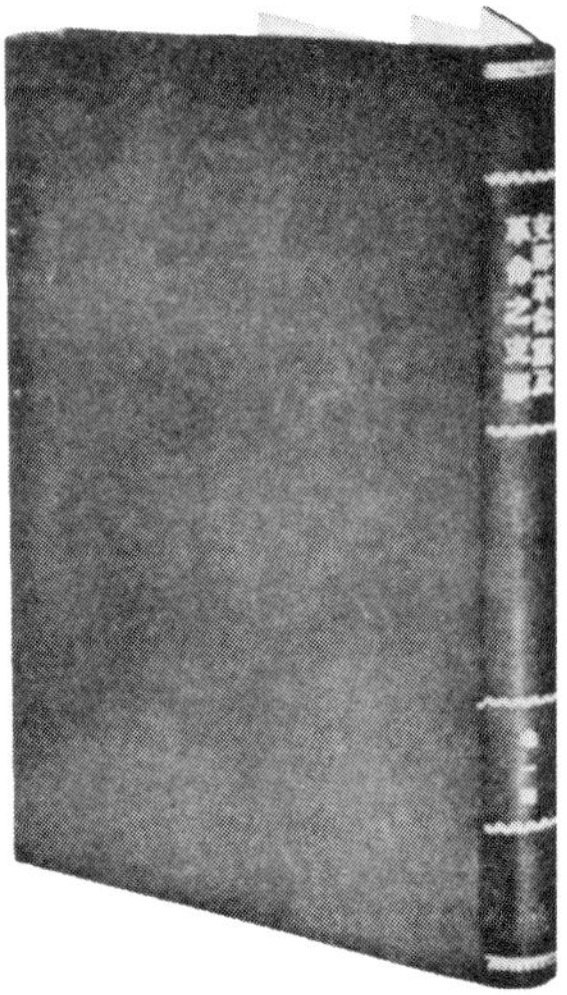

「支那革命黨及革命之支那」（1916年）『北一輝著作集』第二巻（みすず書房）より。

であると想定しうる。

　つまり、《近代的統一》を「自由の基礎の上に建てられたる専制」と定義した『外史』後半部における北の主張と、意識的に〈自由〉を規制しなければ革命を成功させることはできないと考えて革命党党首に強権を付与し、《革命時期》は必ず革命党員が《国家》を主導しなければならないと「中華革命党総章」によって規定した、中華革命党時期の孫文の主張は、見事に一致するのである。

　ところが、このように両者の主張が一致しているのにもかかわらず、『外史』後半部に入ると、北の孫文に対する批判はより一層苛烈さを極めていく。

『外史』前半部における北は、孫文の国家構想は「米国的迷想」であり、彼の言う共和政は革命党の理想とはなり得ないと批判しながらも、孫文が「共和政の犯すべからざる首唱者」[4]であることは認めていた。彼は『外史』の前半部、「七　南京政府設立の真相」において、

　特に彼〔孫文〕の中華民国史に於ける百代不磨の功績として看過すべからざる事は、彼が此の新建国の始めに於て支那の将来は必ず共和政ならざるべからずといふ大憲章の精神を宣布したることなりとす。[5]

と孫文について論じている。

北によれば、革命後の中国が共和国であるべきだと明確に宣布したのは孫文ではなく、彼が共和政を宣言する以前に開かれた臨時中央政府樹立のための代表者会議においてであった。

しかし北は、たとえ孫文の唱える共和政が中国の内実にそぐわないものであったとしても、支那の国粋的革命党でも、日本の国家民族主義でも萌芽し得なかった共和政を、孫文が秘密結社時代から唱え続けて各省の先覚者に影響を与えたことは事実であるとしてこれを高く評価し、大総統となった孫文が建国にあたって共和政を宣言したことを、「支那将来の幸福や測るべからざる者あるべし」[6]と称賛した。『外史』前半部での北は、孫文を袁世凱ら《亡国階級》とは異なる存在であると[7]捉え、一定の功績を認めていたのである。

ところが『外史』の後半部になると、北の孫文に対する評価は一変する。北は「十五　君主政と共和政の本義」において、

> 孫は東京に於て「中華革命党」なるものを組織し、陳其美戴天仇居正田桐の諸氏を集めて亦籌安会となし、孫逸仙神権説を主張したり。魔は終に愚。袁魔は日本が誤策より覚めて彼が英国の買辦たることを発見せしを知らず、自ら皇帝たらば隣邦の承認容易なるべしと孜々三年を努めたり。孫魔は支那が第一革命の事を破り、第二革命亦同志を死地に投じて遁竄せし彼の諸罪を断獄すべく準備せることを知らず、我れ共和を叫ばゝ隣邦の後援国を挙げて来るべしとなし、亦切々三年を努めたり。――努めたるかな両魔よ。……投降将軍と遁竄元勲と籌安会と中華革命党と、袁氏皇帝論と孫家神権説と、是等何程の相違ぞ。[8]

と述べ、中華革命党を結成して「孫逸仙神権説」を主張する孫文は〈魔〉であり、共和国において滅ぶべき亡国階級でありながら、籌安会（中華民国大総統となった袁世凱の意を受けて、一九一五年に楊度が設立した政治団体）を作って自ら皇帝になろうとした袁世凱と何等変わらないと断言するのである。

これは非常に大きな変化であると考えられる。北の言う革命時の大総統が、本書の第四章第二節で述べてきたように「天の命を亨けし」者として描かれていたことからすれば、〈魔〉が大総統と敵対する存在であることは明らかだからである。

つまり、孫文を共和政の提唱者であり、袁世凱ら《亡国階級》とは異なる存在であると捉えていた前半部と異なり、『外史』後半部では孫文は袁世凱と並び、共和政において〈滅ぼされるべき敵〉として描かれるのである。何故彼の論はこのように変化したのか。

先行研究においては、このような北の孫文に対する批判の変調もまた、彼の『外史』後半部における変容として説明され、北の法華経への帰依による「心理状態の大きな転回の反映」の一つとして位置づけられてきた。

「『支那革命外史』の実証的批判」において、

強大な権限を持つ「米国的大統領責任制」の採用は、中国においては「専制」に「顕現」するとして孫文を糾弾した北が、同じ著作の後半ではより強大な権力と、より神秘的・復古的・武断的な「終身大総統」制を提唱するのである。これは『外史』の自家撞着の最たるものであろう。……ここでそうした問題（明治天皇などに対する間違った理解）をいちおう捨象し、「東洋的共和政」の神秘性、復古性をもとり去ってみるならば、そこで主張されているのはいわば一種の革命的独裁である。[9]

と述べ、『外史』後半部で展開される《東洋的共和政》は強力な独裁権を持つ「終身大総統」制であり、北の主張は本質的に孫文の主張と同じものであると指摘した久保田文次氏も、北の孫文に対する批判が変調した理由については、「北の『法華経埋没』に帰せざるを得ない」[10]と説明するにとどまっている。そして北の《東洋的共和政》に対しては、

このように北の「東洋的共和政」をとるところありとしても、それはすでに同盟会の「革命方略」を継承した中華革命党の党章に規定されていたものと共通である。北の独創は「ゆきすぎ」をも含む孫文の構想に、さらに神秘的、復古的、武断的そして「東洋的」〔北が中国の伝統からではなく、モンゴル史のなかに理想を見出していることからの記述〕な香水をふりかけたことにある。[11]

と批判している。

確かに久保田氏が言うように、北の『外史』後半における《東洋的共和政》が孫文の中華革命党時代の《革命》構想と類似していることは、これまで分析してきたことからも明らかである。しかし筆者は本書の第四章で、従来の研究において北の法華経信仰への傾倒による「心理状態の大きな転回の反映」として説明されてきた、『外史』前半部から後半部への北の主張の変化が、宋教仁からの招聘をうけて中国に渡り、現実に起こった革命を目の当たりにした北の、近代「革命」に対する捉え方の変化によるものであることを明らかにした。

このことからすれば、北の孫文に対する批判の変調についても、北の法華経への帰依によるものであったと断定することはできないのではないか。またそもそもの問題として、久保田氏が主張するように、

北の《東洋的共和政》は、孫文の構想に神秘的・復古的・武断的そして「東洋的」な香水をふりかけたものにすぎないのだろうか。

以下本章では、《東洋的共和政》をはじめとする彼の『外史』後半部での主張をあらためて整理し、孫文の《革命》構想と比較する。

二 《亡国階級》への視線――『支那革命外史』後半部に見られる北の革命観の変化

『外史』において一貫して北が否定し続ける存在として、《亡国階級》が挙げられる。ただし前半部と後半部で、彼の《亡国階級》に対する接し方が大きく変化していることに着目する必要がある。

『外史』前半部では、袁世凱に代表される《亡国階級》を根本的に一掃する《興漢革命》こそ、革命の本義であると説いていた北であったが、彼ら《亡国階級》を武力によって排斥するべきであるという論は見られなかった。何故なら『国体論』のなかで、明治憲法下の日本において普通選挙を実現すれば、国家は自ずから経済的階級国家から経済的公民国家へ進化すると説いたように、『臨時約法』下の中国において議会が《国家》の意志を体現すれば、《亡国階級》は自ずから淘汰されると考えていたからである。それゆえに、『外史』前半部の《亡国階級》は、「支那の表皮にして武漢の一拳に亡ぶべき程に腐爛頽廃[12]」したもの、時代の潮流に取り残されて滅びゆく存在として描かれていた。

ところが『外史』後半部における北は、《亡国階級》に対して異なる見解を示している。彼は「十三財政革命と中世的代官政治」において、凡ての鍵は支那の中世的組織に在り。而し袁や実に代官階級の代表者。……あゝ国家組織の大綱細網悉く腐朽し尽したる今日、革命に非ずんば鬼神と雖も之を整理すべからず。……勇敢なる掠奪、大胆なる徴発、一歩の假借なき没収、斯くの如くにして一切の政治的腐敗財政的紊乱を醗酵する罪悪の巣窟は転覆せられ、茲に始めて新政治組織新財政制度を建設すべき基礎を得べし。[13]

と述べる。

近代における「革命」を、《本能的自由》の発露によって権利の主体として覚醒した国民の手によるものである、と捉えなおした『外史』後半部における北にとって、『外史』前半部で自身が講じた《亡国階級》に対する策は、もはや期待できないものであった。このような状況下において、袁が代表する《亡国階級》は、《国家》の意志を体現すべき議会の機能を停止させ、国民の《国家意識の覚醒》を阻害する癌の如き存在[14]として北の目に映ったのである。

袁世凱(1859～1916)　横山宏章著『孫文と袁世凱——中華統合の夢』(岩波書店)より。

それゆえに彼は、真の革命的統一者が指揮する武断政策、「勇敢なる掠奪、大胆なる徴発、一歩の假借なき没収」によって、彼ら《亡国階級》を打倒するしかないと断言する。『外史』後半部における彼は、《亡国階級》を意識的に〈屠殺〉してはじめて「革命」を完遂することができると述べるのである。

このような北の《亡国階級》に対する視線の厳しさは、彼らが権勢をほしいままにした旧国家社会に対する記述にも色濃く表れる。

「十三　財政革命と中世的代官政治」において北は、

実に支那の凡ての事物は革命せらるべきものにして改良し得べき者に非ず。改良とは現存せる根本組織の健全を是認する者なるが故に其の法律慣習に従ひて枝葉を矯正整理せんとするもの。革命は旧国家旧社会の組織其者より否定さるべきものとして遵拠すべき一切の旧秩序を許容する能はず。清朝は已に其の国家組織の根源たる主権者其者より否認せられたり。従て其の否認せられたる主権者が設定せし権利組織は当然に且つ一律に否認せられたるものなり。諸公。維新革命は三百貴族の統治権を否定すると共に、其の財政的基礎たる土地領有の権を否定して版籍奉還の名の下に数百年来の財産権を無視したるに非ずや。当時の亡国階級たる武士は其職業とせる帯刀の営業権を剥奪せられ、子々孫々世襲すべき食禄の財産権を侵害されたるに非ずや。維新革命に於ける財産権蹂躙は権利本来の原理に照らして日本に是認せられたり。[15]

と述べている。この一節から、北が「革命」を、旧国家社会において規定された秩序そのものを破壊することと認識していたことが分かる。

「改良」とはその時代の根本組織が設定した従来の法律習慣に従ってなされるものであるから、この根本組織が是認されていることが「改良」の前提条件となる。しかしこの根本組織、清王朝とそれに追従する《亡国階級》は、辛亥革命によって否認されたのだから、日本の明治維新において、当時の《亡国階級》である武士が数百年来に渡って保持してきた財産権を剥奪されたことと同様に、中国の新国家においては彼ら自身も、そして彼らが設定した秩序も、一切許容することはできないと論じるのである。そして、北が『外史』後半部において批判の対象とするものは、それだけに留まらない。彼の批判の目は《亡国階級》が支配する旧国家社会の秩序に異を唱えず、これに従属していた中国国民自身にも向けられる。

彼は「十七　武断的統一と日英戦争」において、

> 諸公。革命とは数百年の自己を放棄せんとする努力なり。制度に対する自己破壊は即ち国民的信念に対する自己否定なり。……諸公。翻訳的低脳〔低能〕児の口を藉るが故に孫君の五百万強兵説は空想家の空言なり。彼は革命の根本義が伝襲的文明の一変、国民の心的改造に存する事を理解せず。[16]

と述べ、《国民的信念》に対する自己否定、国民の心的改造こそ「革命」の根本義であると訴えるのである。なぜ北はこのように訴えるのか。

彼は「十六　東洋的共和政とは何ぞや」において、

> 今の知識界は凡て白人の悪影響を受けて万般の事人種民族と云ふが如き生理的物質的解釈に求む。而も六千年の歴史は国家の興亡が実に国民の多数に抱るゝ心的傾向によりてのみ決する事実を挙証せざるはなし。……日本と支那とが同種なると異族なると亦問題に非ず。従て二国の興亡は生理的現象に考ふる皮相なる物質的知識を翻訳しては察すべからざる者なり。則ち一に中世史に入りて千里の差を生じたる両国民の心的傾向の考察に存す。支那の文弱による亡運は孔教に在り。[17]

と述べ、

第一革命に於て共和政を樹立したること其事が已に孔教の否認なり。官僚討伐其事が文士階級の一掃なることに於て亦孔教の終焉なり。内武断政策の外なく、外軍国主義を以て防がざるべからざる必要の母は将に新たなる国民的信念を孕みたり。……実に孔教によりて建てられたる凡ての旧制度が些の抵抗力なくして破壊されしことは、其の教義其自身が已に国民的信念より消滅せしことを示す者にあらずや。[18]

と論じる。

北にとって国家の興亡は、今の知識界が主張するような人種・民族といった生理的・物理的解釈で説けるものではなく、国民の多数が抱える《心的傾向》によってのみ決定するものであった。それゆえに彼は、中国が亡国に陥ろうとしている理由もこの《心的傾向》によって説明し、先の「十七　武断的統一と日英戦争」の一節において、中国国民の心的改造が必要であると訴えたのである。

では彼が考える中国国民が改造しなければならないもの、先の「十七　武断的統一と日英戦争」の一節において、北が「制度に対する自己破壊は即ち国民的信念に対する自己否定なり」と述べていた対象は何か。それはすなわち、長きにわたって中国国民の《心的傾向》でありつづけた理念、人倫の基本として流血を忌避し、無抵抗を仁と考える[19]〈孔教〉である。彼はここで、辛亥革命の後に共和政を樹立したこと自体が、君主政を唯一の政道とし、旧国家社会において《国民的信念》を支配していた教義、孔教に対する否認であると主張している。

《国民的信念》と《心的傾向》のかかわりについて、北はこの『外史』のなかで具体的に説明していないが、旧社会において《国民的信念》を支配していた教義、旧社会における中国国民の《心的傾向》として、ともに孔教が挙げられていることを考えれば、《国民的信念》は中国国民の《心的傾向》に基づいて形成されるものと考えられる。それゆえに北は、国内においては武断政策を、対外においては軍国主義によって国民の《自由》を守らなければならない現中国においては、国民の《心的傾向》として旧社会を支えてきた理念である孔教を一掃し、これに依拠しない《国民的信念》を生み出さねばならないと訴えたのである。

このように考えれば、北が『外史』後半部で主張する《革命》とは、旧国家社会に従属していた国民自身への否定も含む、旧国家社会に属するもの全てを否定するものであり、旧社会において《国民的信念》を支配してきた孔教を一掃し、新たな《国民的信念》に基づく近代《国家》を形成するための契機であったと言える。

三　孫文の近代国家――「地球上最老最文明的民族」

では、これに対して孫文はどうであったのか。

本書の第二章・第三章において述べてきたように、孫文の《革命》構想は辛亥革命以前・以後一貫して、生来持つ民族という共通項により結合した《国民》の上に想定されたものである。

そして彼の《革命》構想の軸である、生来持つ民族という共通項を支えていたのは、四千年にわたる歴史のなかで培われてきた中国文明であった。

孫文は一九〇六（光緒三二）年、『民報』創刊一周年記念の祝賀大会の演説において、漢民族を「地球上最老最文明的民族[20]」と表現し、地球上で最も古く最も道徳文明の優れた漢人が団体を作れば、その力量は彼ら満州人のはるか何千万倍になり、民族革命は必ず成功し得る[21]と訴えている。

また辛亥革命後の一九一二（民国元）年一〇月二三日、安徽都督府の歓迎会においては、

又、我中国是四千余年文明古国、人民受四千余年道徳教育、道徳文明比外国人高若干倍、不及外国人者、只是物質文明[22]。

（また我が中国は四千余年の文明をもつ古国であり、人民は四千余年の道徳教育を受けてきており、中国人の道徳文明は外国人に比べていくらか高く、外国人に及ばないのは、物質文明だけである。）

と《国民》に呼びかけ、文明を道徳文明と物質文明に二分して、農業や各種の実業等の物質文明については外国に遅れをとっているが、道徳文明については、四千余年の歴史を持つ中国は外国に劣らないどころかこれを凌駕する、と論じている。このことから見れば、孫文が革命以前より、漢民族が持つ道徳文明に大きな期待を抱いていたことが分かる。

では彼が言う、この道徳文明の根本となる思想は何か。それは言うまでもなく、漢代より中国で支配的思想となっていた孔子を始祖とする儒教[23]である。

孫文は自身の演説のなかで頻繁に儒教経典の一節を引用しており[24]、一九一〇年二月二八日（宣統二年一月一九日）、サンフランシスコでの演説においては、アメリカにいる華僑に対して、

乃在美華僑多有不解革命之義者、動以「革命」二字為不美之名称、口不敢道之、耳不敢聞之、而不知革命者乃聖人之事業也。孔子曰；「湯武革命、順乎天而応乎人。」此其証也。[25]

（アメリカの華僑においては革命の意義を理解していない者が多く、ややもすれば「革命」の二字を良くない名称だと考えて、口にするのも耳にするのも憚り、革命が聖人の事業であることを知らない。孔子は「湯武命を革むるや、天に順い、人に応ず（殷の湯王・周の武王は革命を起こし、天道に従い人心に応じた）」と申された。これがその証である。）

と述べ、また一九一三（民国二）年三月一三日の神戸国民党交通部歓迎会においては、

我国数千年歴史之中、最善政体莫為〔如〕堯舜。盖堯舜之世、亦為今日之共和政体、公天下于民。[26]

（我が国数千年の歴史のなかで、最善の政体は堯舜である。おそらく堯舜の世もまた今日の共和政体であって、天下を人民に対して公にした。）

と演説している。

彼は、中国における《革命》の必要性を『易経』の孔子の一節を借りて説明し、中国の最善の政体は聖人と目される堯と舜の治世にあると論じたのである。孫文にとって、《革命》の正当性や理想は中国の歴史のなかにこそ存在するものであった。そしてこのような、《革命》の正当性を中国の歴史のなかに求める孫文の《革命》観は、第二革命に失敗して中華革命党を結党したその後も変わらない。

孫文は晩年の一九二四（民国一三）年、『三民主義』講演の「民族主義」第六講において、

中国人几千年酷愛和平、都是出于天性。論到個人便重謙譲、論到政治便説「不嗜殺人者能一之」、和外国人便有大大的不同。所以中国従前的忠孝仁愛信義種種的旧道徳、固然是駕乎外国人、説到和平的道徳、更是駕乎外国人。這種特別的好道徳、便是我們民族的精神[27]。

（中国人が数千年に渡って和平を愛してきたのは、天性によるものだ。個人について言えば謙譲を重んじ、政治について言えば「人を殺すことを嗜まざる者、能く之を一にせん〔『孟子』「梁恵王章句 上」の一節。「人を殺すことを好まない者こそが天下を統一することができる」という意味〕」と説いたのは、外国人との大きな違いである。だから中国の昔の忠孝・仁愛・信義など数々の旧道徳は、もとより外国人より優れているが、和平〔を重んじる〕道徳について言えば、更に外国人より優れている。このような特別に立派な道徳こそ、我が民族の精神である。）

と述べ、孔子が唱えた忠孝・仁愛・信義などの旧道徳に加え、孟子が唱えた和平を愛する道徳の重要性を指摘し、これらの孔孟の教えを基礎とする儒教道徳こそ、外国人よりも優れた中国民族の精神だと主張するのである。

《革命》を旧国家社会に従属していた国民自身への否定も含む、旧国家社会に属するもの全てを否定するものと捉え、この上に近代《国家》が誕生すると考えていた北と、《革命》によって、四千年の中国文明を背景とした《国民》を基礎とする民主国家の建国を目指した孫文。このように対比してみれば、北と孫文の主張の違いが見えてくる。

旧国家社会の《国民的信念》を支配していた理念である孔教を、中国が亡国に陥ろうとしている原因であると捉え、〈革命〉後の共和国は新たな《国民的信念》に基づくものでなければならないと考える北にとって、孔孟の教えを基礎とする儒教道徳こそ外国人よりも優れた中国民族の精神である、と論じる孫文の主張は、到底許容できないものであった。

しかしこのような儒教（孔教）をめぐる両者の主張の違いは、北と孫文の〈革命〉構想に内在する対立の一端であり、彼等の構想に内在する対立の本質は、より深いところに存在する。

第二節　〈革命〉への模索

一　《国民的信念》と《国家的信念》——孫文と北の近代国家

北は「十七　武断的統一と日英戦争」において、

自由的覚醒による国家的信念は近代国家の凡てを作りたるものにして、今の列強の将卒亦実に此の覚醒されたる信念の産物なり。[28]

と述べて、本章第一節で取り上げた《国民的信念》とは異なる《国家的信念》という概念を提示し、これを「近代国家の全てを作るもの」と定義している。

では彼が言う《国家的信念》とは何か。北は同章で、「革命中のフランスがヨーロッパを征服したことは、ナポレオンの軍略もさることながら、国民が自由的覚醒による『国家的信念』を持っていたからである[29]」と述べて、

彼等〔フランス国民〕は自由の覚醒によりて国家が王貴族の私有財産に非ずして彼等自身の責任に存する信念に赤熱したり。[30]

と説明し、また「十五　君主政と共和政の本義」において、

奈翁は自由を擁護せんが為めに王党の反動的爆発に先んじてクーデターを敢行したり。[31]

と述べる。

これらの一節で北が、国民の自由を擁護する統一的権力の中枢としてナポレオンを想定していることから、ここで彼が言う〈自由の覚醒〉は、旧政治形態が崩壊する社会的解体の結果として生じる、「思考の自由」「実行の自由」といった《本能的自由》を指しているのではないと考えられる。何故なら、ナポレオンが登場してフランスがヨーロッパを征服したのは、抑圧力を失った旧政治形態が崩壊する社会的解体の結果として、国民が各自権利の主体として覚醒し、この覚醒した国民が、王貴族の私有財産として国家を扱う「家長国」を崩壊させた後のことだからである。

革命後の混乱のさなか、未だ《国家意識の覚醒》が普及していないフランスにおいて、国民個人の自由を保障・擁護する役割を与えられたのがナポレオンであった。それゆえに彼が実施する武断政策によってはじめて、国民の《国家意識の覚醒》を阻害する王党派は追放され、国民は自由に覚醒することとなる。

つまりここで北が言う〈自由の覚醒〉とは、《国家意識の覚醒》に基づく近代的意義での《自由》の覚醒を指し、彼が定義する《国家的信念》とは、近代的意義での《自由》の覚醒を前提とする信念なのである。

では、北が言う《国家的信念》とは一体どのようなものか。

これについて北は『外史』のなかで詳細に説明していないが、前述の一文と同様の主張が『国体論』の一節に見て取れる。

北は『国体論』の「第弐編　社会主義の倫理的理想」において、

即ち貴族階級に経済的に従属せし維新以前に於ては貴族等の利益の為めにする支配に服従すべき政治的義務を有し、貴族等の幸福の為めに努力すべき道徳的義務を有して――「忠君」を個人の責任とせしに反し、今日は法理上国家の土地及び資本（何となれば国家は国家の利益の為めに個人の凡ての財産を吸収すべき最高の所有権を有するを以て）に経済的に従属するを以て、国民は国家の利益の為めにする支配に服従すべき政治的義務を有し、国家の幸福に努力すべき道徳的義務を有して――「愛国」を個人の責任とするに至れる如し。[32]

と述べている。「忠君」が個人の責任であった、国家や国民が君主の物格として扱われていた「家長国」に対し、君主をもその一員として包含し、利益・目的の帰属する権利主体として国家が法律的に認められた「公民国家」においては、個人は国家に対して責任を負うと説明し、それゆえに国家の利益・幸福を最上とする「愛国」こそが個人の責任であると論じるのである。

近代「革命」を国民の《国家意識の覚醒》によるものではなく、各自が権利の主体として覚醒した国民により起こったものであると捉えなおした北であったが、この一節と、《国家的信念》を持っていた証拠としてフランス国民が「国家が王貴族の私有財産に非ずして彼等自身の責任に存する信念に赤熱」したと、北が先の文において述べていたことを照らし合わせれば、『外史』後半部においても北のなかで、

『国体論』以来の国家観が健在であったことが見て取れる。[33]

つまり『外史』後半部においても、彼にとっての《国家》は実在の人格・進化の主体としての国家であり、《国家》が何たるかを知り自身が《国家》の分子であることを意識する、国民の《国家意識の覚醒》は必ずなし得なければならないものであった。

それゆえに北は、中国国民の《心的傾向》に基づいて形成される《国民的信念》ではなく、国家の利益・幸福を国民の責任と考える《国家的信念》こそ、「近代国家の全てを作るもの」であると主張したのである。

ではこれに対して、孫文が作ろうとしていた中国の近代国家はどのようなものであったのか。それは北の言葉を借りれば、中国国民の《心的傾向》に基づいて形成される、《国民的信念》を基礎とした国家である。

本書の第三章第二節で述べてきたように、孫文の《国家》は、生まれながらにして持つ民族という共通項により結合した《国民》の上に誕生するものである。それゆえにこの《国民》は、自らが漢民族であると自覚することによって団結し、この民族性を介して《国民》（個人）は〈国家を意識〉することとなる。

つまり孫文からすれば、〈国家の存在を前提〉として国民が存在するのではない。民族性によって団結した《国民》を前提として〈国家〉が存在するのであり、この《国民》を支える共通の理念として彼が着目したのが、本章第一節で述べた、孔孟の教えを基礎とする儒教道徳なのである。

このように考えれば、孫文が中国において作ろうとした近代国家は、《国民的信念》を基礎とするという点において、《国家的信念》こそ「近代国家の全てを作るもの」であると主張する北の想定する《国家》とは、まったく別の方向性を示していたと言える。

二　『支那革命外史』後半部に描かれる《天》の役割

以上のように本章では、《東洋的共和政》をはじめとする、北の『外史』後半部での主張を整理するとともに、これを孫文の《革命》構想と比較し、北と孫文の〈革命〉構想に内在する対立について見てきたが、『外史』後半部における北の理論には、まだ二つの疑問が残されている。

一点目は、《東洋的共和政》における、統治の正当性に関する疑問である。『国体論』以来一貫して、国家を実在の人格であり進化の主体であると考える北からすれば、《国家》の一分子である国民が《国家》を統治するに際しては、必ずその国民が、権利の主体である《国家》の意思を体現している存在でなければならない。

そのため、『外史』前半部の《東洋的共和政体》においては、国家の政治を司る議会や大総統の権限は、《国家》の意思を証明するものとして国家主権を法的に保護する『臨時約法』に明示されることによって、その正当性を保障されていた[34]。

ところが北は『外史』後半部において、国民の《国家意識の覚醒》を阻害する《亡国階級》を一掃する役割を担う、オゴタイ＝ハンの如き元首を中心とする革命独裁を提唱する。強権的な力を発動するオゴタイ＝ハンの如き元首が、『臨時約法』により統治の正当性を保障されていた議会や大総統に代わって、権利の主体である《国家》の全権を掌握することになるのである。

北がこのように論を転じた理由については本書の第四章及び本章で論じてきたことであるが、それでは『外史』後半部において、オゴタイ＝ハンの如き元首を中心とする革命独裁の統治の正当性は、いかにして保障されるのだろうか。

二点目は、北が『外史』後半部で規定した、中国国民の《心的傾向》に基づいて形成される《国民的信念》に関する疑問である。

本章第一節において、北が「国内においては武断政策を、対外においては軍国主義によって国民の《自由》を守らなければならない現中国においては、国民の《心的傾向》として旧社会を支えてきた理念である孔教を一掃し、これに依拠しない《国民的信念》を生み出さねばならないと訴えた」と述べたが、それでは北の言う新たな《国民的信念》とは一体どのようなものか。

これらの疑問は、北が主体である《国家》を表白するものとして『臨時約法』を捉えていたこと、そして中国国民の《心的傾向》が国家の興亡を左右すると考えていたことからすれば、決して軽視できない問いであり、『外史』後半部における北の《革命》構想を分析するうえで非常に重要な論点であると考えられる。

では、《東洋的共和政》における統治の正当性を保障する根拠、そして孔教に支えられた旧社会の《国民的信念》にかわる新たな《国民的信念》について、北はどのように説明するのか。

残念なことに北は『外史』のなかで、これらの疑問に関する答えを明確に打ち出してはいない。しかし筆者はこれらの答えにこそ、先行研究において北の『外史』後半部における変化の理由として指摘されてきた、人間を超える超越的な存在を意味する《天》を意味する言葉が深くかかわっているのではないかと考える。

この《天》という概念は、『外史』後半部にはじめて出てくるものではなく、『外史』前半部においても「天」「天意」「天理」などの言葉が使われている。しかし『外史』前半部では、「〔革命運動の〕時機の熟否は史家の後世に之を論ずべきも是れ劇中の人の察すべきに非ずして知るものは天のみ[35]」「武漢〔辛亥革命の発端となった武昌起義〕の発たるや実に天の為せる所[36]」というように、この「天」という言葉は革命に関連した箇所で使われていた。

ところが『外史』後半部になると、この「天」という言葉が《東洋的共和政》について記述している箇所でも使われるようになり[37]、さらにその一部に宗教的な意図が加味されていくのである。

北は「東洋的共和政」について、「十六　東洋的共和政とは何ぞや」において、

斯る意味の中華民国大総統とは所謂投票神聖論者の期待する如き翻訳的議会より選挙さるゝものにあらず。即ち王党の議員と武士の投票によりて進退推貶さるゝものにあらずして、天の使命を享け国民の渇仰によりて立てるものなるは論なし。……而も議会の饒舌は英雄を沈黙せしめ、民意を代表すと称するもの、投票は革命の時に於て特に天意に叛逆す[38]。

と述べ、《革命》中の中国においては、『臨時約法』に明示されている議会によって行われる投票は「天意」に反するものであり、従ってこの時期の大総統は選挙によって選ぶべきものではないと主張している。このことから北が、国家主権を法的に保護する『臨時約法』よりも上位の存在として、《天》を想定していることが分かる。

さらに「十八　露支戦争と日本の領土拡張」において北は「国家は天に対して義務を有するのみ[39]」と述べており、《国家》の一分子である国民が、《国家》に対して義務を負うのと同様に、実在の人格であ

る《国家》が従うべき存在として《天》を描いていることが分かる。このことから、北は《天》を《国家》の枠を超えた超越的な存在であると規定し、この《天》が《国家》の外からその統治の正否を判断することによって、主体である《国家》とこれを表白する『臨時約法』を侵害することなく、《東洋的共和政》の正当性を保障しようとしたと考えられる。

しかし、北がこの《東洋的共和政》の正当性を保障するものとして挙げるのは《天》の存在のみではない。彼は「十六　東洋的共和政とは何ぞや」において、

> 革命とは地震によりて地下層の金鉱を地上に揺り出すものなりと。支那の地下層に統一的英豪の潜むことは天と国民の渇望とが証明すべし。[40]

と述べている。

これは「支那の地下層」に潜む「統一的英豪」、中国において国民の自由を擁護する統一的権力の中枢となるべき人物（オゴタイ＝ハンの如き元首）についての記述であるが、北はこの統一的権力の中枢となるべき人物が台頭することを証明するものとして、《天》の存在と並べて「国民の渇望」を挙げている。

また、先の《東洋的共和政》について取りあげた「十六　東洋的共和政とは何ぞや」の一節でも、北は中華民国大総統を「天の使命を享け国民の渇仰によりて立てるもの」と称しており、これらのことを考え合わせれば、北の論のなかで《東洋的共和政》におけるオゴタイ＝ハンの如き元首による統治の正当性を保障するとき、《天》の存在と共に「国民の渇望（渇仰）」が挙げられていることが分かる。

なぜ《天》の存在だけでなく「国民の渇望（渇仰）」がここで出てくるのか。残念なことに北はこの点について『外史』のなかで触れておらず、その理由は明かではない。ただし、筆者は北がここで「国民の渇望（渇仰）」を挙げたことには、前述した二点目の疑問――北の言う新たな《国民的信念》とは何か、という問い――が関係してくるのではないかと考える。

北は、国民の《心的傾向》として旧社会を支えてきた理念である孔教について、同章において、

神の姿を見ず神の聲を聞かず神と与に謀ることなき孔教は断じて国民の信念を支配する教義に非ず。[41]

と批判している。

前述したように、北は《革命》後の近代《国家》において、孔教に代わる《心的傾向》に基づく新たな《国民的信念》の形成を訴えていたが、この一文から、彼にとって「神の姿を見神の聲を聞き神と与に謀る」ことが、《東洋的共和政》下における《国民的信念》を形成するうえでの必要条件――孔教に代わる《心的傾向》――であったことが分かる。

そしてこのような必要条件を設定した北は、自身が《東洋的共和政》の規範として提示した中世のモンゴル帝国について、次のように評価している。

不肖等蒙古人の有せし大共和国はシーザーの如き凡俗の雄なる者に非ず。常に神を視神に接し神と語りて、今の歐洲列強に向つて数百年間の大征服を行ひ、以て彼等の暗黒時代を覚破せし如来の使なりき。[42]

ここで北は、オゴタイ＝ハンによって統治された中世のモンゴル帝国は「常に神を視神に接し神と語る」ことによって、数百年にわたって今の欧州列強を征服し、彼らの暗黒時代を「覚破」したと主張している。このことから、この大征服が行われたのは、モンゴル帝国において、人々のなかに「神の姿を見神の聲を聞き神と与に謀る」《心的傾向》にもとづく《国民的信念》が形成された後の話であると考えられる。

つまりこの一節は、「神の姿を見神の聲を聞き神と与に謀る」《心的傾向》が定着して《国民的信念》が形成され、《神》（この一節によれば「如来」）と対峙して《神》の意思を理解できるようになった人々の存在を前提としたものであり、中世のモンゴル帝国は、この「常に神を視神に接し神と語る」人々の存在によって、彼ら自身が渇望した統一的権力の中枢となるべき人物（オゴタイ＝ハン）を中心としてまとまり、数百年にわたって今の欧州列強を征服し、彼らの暗黒時代を「覚破」するような、強大で長期的な治世を実現した、と読むことができる。

このように、『外史』後半部において彼が提示する、《東洋的共和政》におけるオゴタイ＝ハンの如き元首による統治の正当性は、《国家》の外からその統治の正否を判断する超越的な存在である《天》に加え、「神の姿を見神の聲を聞き神と与に謀る」《心的傾向》にもとづく新たな《国民的信念》を持ち《国家》の内から《神》の意思を聞きこれを理解する国民の渇望（渇仰）により、担保されることが分かる。

北にとって「神の姿を見神の聲を聞き神と与に謀る」《心的傾向》にもとづく《国民的信念》を形成することは、《東洋的共和政》におけるオゴタイ＝ハンの如き元首による統治の正当性を担保するために不可欠なものであった。それゆえに彼は『外史』後半部において、《神》の声を聞きその意思を理解する国民を生み出す、孔教に代わる《心的傾向》に基づく新たな《国民的信念》を提唱し、旧国家とは全く異なる近代国家を作り上げようとしたのである。

三 『支那革命外史』から『国家改造案原理大綱』へ――北一輝の日本《革命》への回帰

そしてこのような北の、《革命》を起点とする近代《国家》構想は、『改造法案』[43]へと引き継がれていく。それは彼と旧知の仲であった大川周明が、

北君は既に此書〔『支那革命外史』〕の中で、明治維新の本質並に経過を明かにして、日本が改造されねばならぬことを強力に示唆して居る。従つて此書は『日本改造法案大綱』〔『国家改造案原理大綱』加筆改題〕の母胎である。[44]

と『外史』を評し、また北自身が『外史』の序文において、

革命の鮮血舞台に演舞すべく天より遣はさるゝほどの者の思想行動には、国境と時代を一貫して枉ぐべからざる或者がある。大西郷のしたことはレニン君の為す所であり、大奈翁の行つたところは明治大皇帝の踏める道である。彼此相学ぶに非ず、先聖後聖其軌一なるが故である。[45]

と述べていることからも見て取れる。

フランス革命後の混乱のさなか、未だ《国家意識の覚醒》が普及していないフランスにおいて、《天》

から国民個人の自由を保障・擁護する役割を与えられたのがナポレオンであるのならば、日本においてこの役割が与えられたのが、北が「明治大皇帝」と称する天皇であった。

一九一九（大正八）年八月、五四運動の熱が吹き荒れる上海に身を置いていた北は、『国家改造案原理大綱』を書きあげ、「明治大皇帝」を中枢に置いた根本からの《国家》改造、天皇大権の発動に始まる日本の《革命》構想に着手するのである。[46]

ところが、『改造法案』に見られる北の思想構造について分析するとき、従来の研究においては、『国家改造案原理大綱』の三・四年前に書かれた『外史』ではなく、彼の処女作である『国体論』のみがその比較対象とされてきた。

それは岡本幸治氏が、『国家改造案原理大綱』を、「初期論文（とくに明治三十六年に発表した日露三論文）において萌芽を見せ、処女作『国体論及び純正社会主義』で一応の完成を見た北の思想の応用的展開の書」[47]と称していること、また萩原稔氏が北の先行研究を総括するにあたって、

このゆえに〔「社会主義」から「右翼」へという立場の変化こそが北を謎めいた存在としている大きな要因であるために〕、『国体論』と『改造法案』との間にみられる思想の変遷をめぐっては、数多くの研究者から多彩な見解が示されてきた。[48]

と主張していることからも明らかであろう。[49]

しかし、『改造法案』には『外史』との繋がりが明確に見て取れる。

北は『国家改造案原理大綱』の「巻一　国民ノ天皇」の註釈部分において、日本の国体を三段階の進

化で説明し、第一期を藤原氏から平氏の過渡期に至る「専制君主国時代」、第二期を源氏から徳川氏に至るまでの「貴族国時代」、第三期を「民主国時代」と定義したうえで、この第三期について、

第三期ハ武士ト人民トノ人格的覚醒ニヨリテ各ソノ君主タル将軍又ハ諸侯ノ私有ヨリ解放セレントシタル維新革命ニ始レル民主国時代ナリ[50]。

と述べている。もし『国家改造案原理大綱』が『国体論』の考えに基づいて書かれたのならば、この一節は「武士ト人民トノ人格的覚醒」ではなく、「武士ト人民トノ国家的覚醒」と説かれるはずである。つまりこの一節から、権利の主体として覚醒した国民が一部の君主と貴族の利益のために存在する物格として扱われていた「家長国」に見切りをつけ革命を起こす、とする『外史』後半部での北の革命観を引き継いでいることが見て取れるのである。

また本文に戻って巻頭部分を見てみると、北はこの「巻一　国民ノ天皇」を、

憲法停止——天皇ハ全日本国民ト共ニ国家改造ノ根基ヲ定メンガ為メニ天皇大権ノ発動ニヨリテ三年間憲法ヲ停止シ両院ヲ解散シ全国ニ戒厳令ヲ布ク[51]。

という言葉ではじめている。

『国体論』においては、実在の人格である《国家》を法的に保護する『帝国憲法』は非常に重要な役割を担っていた。それは本書の第一章において北が、『帝国憲法』に規定されていることを根拠として、

特権を持った一分子である天皇と平等な分子である議会を、国家の政治を司る「最高機関」と説明したことからも明かである。

つまり、『国体論』にみられる天皇は、『帝国憲法』によってその権限・地位を保障されていたのである。ところが、この『国家改造案原理大綱』においては、その天皇の権限によって『帝国憲法』を停止することが説かれるのである。これは明らかな『国体論』との乖離である。[52]

さらに、北はこの註釈において、

> 権力ガ非常ノ場合有害ナル言論又ハ投票ヲ無視シ得ルハ論ナシ。如何ナル憲法ヲモ議会ヲモ絶対視スルハ英米ノ教権的デモクラシー〔傍線原文〕ノ直訳ナリ。[53]
> 両院ヲ解散スルノ必要ハ其レニ拠ル貴族ト富豪階級カ此改造決行ニ於テ天皇及国民ト両立セサルヲ以テナリ。憲法ヲ停止スルノ必要ハ彼等ガ其保護ヲ将ニ一掃セントスル現行法律ニ求ムルヲ以テナリ。[54]

と憲法を停止する理由について述べているが、この記述は、「いかなる自由意思であっても国民がこれを投票によって表明すること」を共和政というならば、未だ《亡国階級》が跋扈して《国家意識の覚醒》が普及していない中国では、反動者の意志を尊重して封建貴族を再建し、現在および将来の自由政治を破壊するという理論的自殺に陥ってしまうと考え、強権的な力を発動するオゴタイ＝ハンの如き元首によって《国家》を私物化する《亡国階級》を一掃しようとした、『外史』後半部における北の《革命》構想に近似している。[55]

つまり、これらのことから鑑みれば、北の『国家改造案原理大綱』におけるこの天皇大権の発動に始まる《国家》改造は、『国体論』よりもむしろ、彼が『外史』の後半部において説明した《東洋的共和政》の論理を引き継いでいると考えられるのである[56]。

このことからすれば、『外史』との繋がりから改めて『改造法案』について分析する必要があるが、本書では『外史』と『国家改造案原理大綱』の繋がりを指摘するに留め、この比較分析については今後の課題とする。

おわりに

以上のように、本章では革命中の中国において、孫文と同じく強権的統一の必要性を主張しながら彼を批判しつづけた、北一輝の《東洋的共和政》をはじめとする『外史』後半部における主張について改めて整理すると共に、これを孫文の《革命》構想と比較してきた。そこから明らかになったのは、孫文と北一輝、ともに革命を訴え続けた両者の、〈革命〉構想に内在する対立点である。

一見すれば、この両者の〈革命〉構想における対立は、儒教（孔教）に対する諾否という形であらわれる。しかし『国体論』から一貫して《国家》を実在の人格・進化の主体として捉える北にとって、何よりも否定したかったのは、孫文が作ろうとした《国家》そのものだったのではないだろうか。

孫文にとって、生来持つ民族という共通項により結合した《国民》こそが、中華民国の主権者であった。しかし『国体論』から一貫して《家長国》から《公民国家》への進化を説き、《国家》を実在の人格・進化の主体であると捉える北にとって、《国家》の主権は《国家》自身にあり、その一分子である〈国民〉に与えられるものではない。また孫文は孔孟の教えを基礎とする儒教道徳を外国人よりも優れた中国民族の精神であると説いたが、国民の《心的傾向》として旧社会を支えてきた孔教こそ、中国が亡国に陥ろうとしている原因であると捉える北からすれば、この主張は到底許容できるものではない。

つまり、「近代国家の全てを作るもの」である《国家的信念》ではなく、国民の《心的傾向》に基づく《国民的信念》を近代国家の基礎に置くこと、そして一掃するべき旧国家社会の《心的傾向》を近代国家の《国民的信念》のよりどころとすること。北にとって孫文が革命後に作ろうとした国家は、二重の意味で受け入れられないものであったと言える。

では北は『外史』後半部において、いかなる国家を作ろうとしたのか。それは《天》より国民の自由を保障・擁護し、国民の《国家意識の覚醒》を阻害する《亡国階級》を一掃する役割を与えられた、オゴタイ＝ハンの如き元首を中心とする革命独裁によって確立される近代国家。「神の姿を見神の聲を聞き神と与に謀る」《心的傾向》にもとづく新たな《国民的信念》を形成した国民による、《国家》の利益と幸福を国民の責任と考える《国家的信念》を基礎とする近代国家である。

そしてこのような北の《革命》構想は、彼が一九一九（大正八）年八月に上海で執筆した『国家改造案原理大綱』へと引き継がれていくこととなるのである。

終章■「革命」とは何か

終章の構成

以上のように、本書では、第一章・第四章で北一輝の《革命》構想、第二章・第三章でその比較対象となる孫文の《革命》構想について分析し、第五章で両者の構想の比較を行った。

終章では、まず孫文と北一輝、両者の革命構想に変化をもたらす契機となった現実の〈革命〉、辛亥革命を起点として両者の革命構想を位置づけなおし、そのうえで、生涯にわたって《革命》の方法を模索し、その必要性を主張し続けた両者が、辛亥革命をはじめとする現実の革命を経験したことによって、それぞれどのような《国家》構想を導き出したのかを整理する。

そして最後に、第二章・第三章において比較対象として取り上げた、梁啓超の《改革》構想にも触れながら、〈革命〉としての辛亥革命について考えるとともに、本書の副題でもある〈革命〉とは何か、という問題について述べたい。

〈革命〉構想の転機としての辛亥革命

中国を救うのは「革命」か「改革」か。二〇世紀初頭、亡国の危機にあった中国において、『民報』と『新民叢報』の紙面上で激しい論争を繰り広げていた孫文ら革命派と梁啓超の論争の根底には、国の基礎となる「国民」の在り方をめぐる攻防があった。

漢民族を《国民》と捉える孫文率いる革命派と、国家思想を持つ者を《国民》と捉える梁啓超、両者が想定する「国民」をめぐるこの攻防に、歴史の裁定が下ったのが辛亥革命である。等身大の漢民族をあるがままに受け入れる孫文らの《革命》構想は、新軍や立憲派を含む清朝主導の政策に不満を抱くすべての人々のエネルギーを糾合して《革命》のエネルギーを生みだし、このエネルギーによって四千年の長きに渡る満州王朝の支配に終止符が打たれた。

このことは段階的な過程を経て《共和立憲制》へと進化する道を選択しようとしていた梁啓超の《国家》構想が、根本から打ち崩されたことを意味する。何故なら梁啓超の論によれば、中国において《国家意識》を有する《国民》、議院政治を行う能力を有する《共和国民》を養成するためには安定した中央政府（満州王朝）の存在が不可欠だったからである。

辛亥革命の成功は、孫文率いる革命派が主張した、生来持つ民族という共通項により結合した《国民》の上に、民主国家・中華民国を誕生させるという方向性を決定づけることとなった。

しかし、この生来持つ民族という共通項により結合した《国民》の上に建国された民主国家・中華民国は、誕生した瞬間から大きな問題を内包していた。すべての《国民》を法の下に拘束する「憲法」を作成するにあたり、《国民》の間に国家意識が普及していないという問題、そして君主が存在しない中華民国において、その正当性・実効性をどのようにして担保し得るかという問題である。

これらは、《革命》によって清王朝が倒された後の中国において、統治（政治）の正当性に直結する重大な問題であった。

では、辛亥革命以前より《革命》を唱えて「民主立憲制」の導入を公言していた孫文は、この問題をどのように解決していくつもりであったのか。

一九〇六（光緒三二）年に作成した『中国同盟会革命方略』において、新中国建国の順序について「軍法の治」「約法の治」を経てから「憲法の治」に移行すると規定していたことからすれば、孫文が即座に「憲法」を制定するのは時期尚早であると考えていたことは間違いない。

しかし当時の彼は、「民主立憲制」をどのようにして実現するのかを、『中国同盟会革命方略』のなかでは具体的に説明していなかった。「民主立憲制」について構想するよりも、まず《革命》を成功させることに力を注いでいたからである。

ところが孫文が待ち望んでいたはずの《革命》の成功は、彼にとって想定外なことに、彼が率いる革命派の主導下で成し遂げられたものにはならなかった。一九一一年一〇月一〇日(宣統三年八月一九日)の武昌起義を発端として始まった辛亥革命に際して独立を表明した各省の革命政権は、旧官僚・軍人・立憲派を含めた混成部隊によるものとなり、革命派は各省都督府の実権を完全に掌握できなかったのである。このことは、孫文が提唱する《三序構想》を実現するうえで致命的な失点となった。

そして革命政権が各地で独立した後も清朝との攻防が続き、革命情勢が目まぐるしく変動していたことも、現実の政治体制と孫文の《三序構想》とのズレをさらに大きく広げる要因となった。事態が長期化することを憂慮した各省都督府代表は、清朝の軍事的指導者であった袁世凱が革命側に転向することを条件として、臨時大総統の座を移譲することを決定するのである。それゆえに、「中華民国臨時約法」においては総統制ではなく、議会主導の責任内閣制が採用されることになった。臨時大総統となることが決定していた袁世凱の専横を危惧した当時の参議院は、「中華民国臨時約法」の制定によって、彼の権限をコントロールしようと試みたのである。ここに至って、孫文の《三序構想》は完全に退けられ、新政府は議会制主導の憲政へと進むことになった。

ところが、「憲法」の正当性・実効性を担保し得る存在を創造することができないまま、早急に導入された議会主導の責任内閣制は、宋教仁暗殺事件をきっかけとしてその脆弱さを露呈することとなった。そして軍事的蜂起によって袁世凱に対抗しようとした孫文率いる第二革命の勃発と、袁世凱による「中華民国臨時約法」の廃止によって、中国における議会主導の責任内閣制の道は完全に破棄されることになる。

このような、西欧に代表される議会主導の責任内閣制が正しく機能しないことが顕在化した中国では、いかなる〈国家〉を作るべきか。この問いに対する二つの答えが、孫文が中華革命党総章のなかで規定した《革命時期》であり、北一輝が『外史』後半部で提示した《東洋的共和政》であった。

孫文の近代国家

一九一四（民国三）年に中華革命党を結党した孫文は、「中華革命党総章」において、一九〇六（光緒三二）年に作成した「軍政府宣言」のなかには見られなかった《革命時期》を設定した。この《革命時期》は、軍を起こしてから「憲法」発布に至るまでの時期において、革命党に国家を統治するすべての権限があることを明示したものであるが、注目すべきは第七条において、言外に党員が自己の生命・自由・権利を犠牲にして党首に従うことが求められていることである。この点をみれば、孫文が想定した《革命時期》は、個人の平等自由主義を前提にした「民主立憲制」とはかけ離れたイメージを受ける。

しかし孫文にとって、この《革命時期》は彼の考える「民主立憲制」と相反するものではなかった。何故なら西欧諸国をモデルとする「議会制民主主義」を念頭に置き、個人の《国家意識》を覚醒させて新中国を担える《国民》を育てようとした梁啓超とは異なり、孫文は生来持つ民族性という媒介により結合した《国民》の上に、「民主立憲制」を導入しようとしていたからである。

彼にとって、個人の平等自由主義を前提にした「民主立憲制」、いわゆる西欧諸国をモデルとする「議会制民主主義」は、「君主立憲制」よりも優れた政治体制ではあったが、完全無欠の代えの利かない最上の国家体制ではなかった。[1]

つまり彼の《革命》構想のなかでの重点は、漢民族が生来持つ民族という共通項により団結する《国家》を作ることに置かれているのであって、その上に建てられる民主政体については、西欧諸国が導入している政治体制に固執する必要はなかったのである。それゆえに西欧に代表される議会主導の責任内閣制が中国において正しく機能しないことが顕在化した時、孫文は民族という共通項により結合した《国民》を国家の基礎とした、彼自身が最善と考える《民主立憲制》を再構成したのである。

西村成雄・国分良成両氏は、共著『党と国家―政治体制の軌跡』のなかで、二〇世紀の中国について「二〇世紀中国における政治主体がそれぞれに訴えた主義や理念の相違にもかかわらず、そこに西洋的価値や普遍的価値への関心を一方で示しつつも、他方で『中国的特殊性』に対するこだわりが一貫してあり、それが絶えず政治的強権主義や党国体制の根拠となる。[2]」と述べている。自らが漢民族であると自覚することによって団結する《国民》を主体とした孫文の《国家》も、この「中国的特殊性」に対するこだわりから生まれたものではないだろうか。

孫文の設定した《革命時期》は、国家の主導軸である中華革命党のなかに、生来持つ民族性という媒介により結合した《国民》を組み込むという役割を担っていた。中華革命党の意思を《国民》の総意、即ち《国家》の意思とすることで、《国民》と《国家》の繋がりをより強固にし、西欧諸国をモデルとする個人の平等自由主義を前提にした「議会制民主主義」とは異なる、中華世界に根づいた《民主立憲制》を作り上げようとしたのである。

そして、中国国民の民族性を重視するこのような孫文の考え方は、晩年になると「国族」という概念に帰着する。彼は一九二四（民国一三）年二月二四日、『三民主義』講演の「民族主義」第五講において、

「外国は個人を拡大したものが国家である。だから個人と国家の中間に強固で普遍的な中間社会がない」と説明し、

我従前説過了、中国有很強固的家族和宗族団体、中国人対于家族和宗族的観念是很深的。……依我看起来、中国国民和国家結構的関係、先有家族、再推到宗族、再然后才是国族、這種組織一級一級的放大、有条不紊、大小結構的関係当中是很実在的；如果用宗族為単位、改良当中的組織、再聯合成国族、比較外国用個人為単位当然容易聯絡得多。[3]

（私が前に述べたように、中国には非常に強固な家族と宗族という団体があり、これらに対する中国人の観念は極めて根深いものがある。……私の考えでは、中国国民と国家機構との関係は、まず家族があり、次に宗族に至り、それから国族になる。この組織は一級一級と大きくなり、筋道が立っていて乱れがなく、大小機構の関係は〔この組織の〕なかにおいて非常に実情に即している。もし宗族を単位として、なかの組織を改良し、再びこれを結合して国族とすれば、外国が個人を単位としているのに比べて、はるかに容易に繋がりを持つことができるだろう。）

と述べる。古来より中国に存在する「宗族」という組織を発展させたものとして、「国族」という概念を打ちだし、「宗族」から「国族」へと組織化をすすめることができれば、国民と国家機関の関係において個人を単位とする外国よりもはるか強固な国家を作ることができると訴えるのである。

このことから、晩年の孫文は、民族を国家と直接結びつけた、諸外国とは完全に形式が異なる《国家》を中国の近代国家として想定していたことが分かる。つまり孫文は一貫して、中国国民の民族性に根差

した《国家》を作ろうとしたのである。

北一輝の近代国家

このような、《革命》によって中国国民の民族性に根差した《国家》を作ろうとした孫文に対し、《革命》によっていかに国民の《国家意識の覚醒》を促し、近代《国家》を作り上げるかに力点を置いたのが北一輝であった。[4]

『国体論』及び『外史』の前半部においては、〈平等観の拡張〉を背景に《国家》の一部分であることに覚醒した国民の手によって、近代の「革命」が成し遂げられると考えていた北であったが、『外史』後半部での彼は現実の革命を目の当たりにしてこの考えを改めている。

抑圧力を失った旧政治形態が崩壊する社会的解体の結果として生じる《思考の自由》《実行の自由》といった、一切の抑制が無い《本能的自由》の発露が〈革命の本質〉であると捉えなおし、個人の権利意識に覚醒した国民の手によって、近代の「革命」が成し遂げられると主張したのである。

このような考えに立つ後半部での北にとって、『国体論』や『外史』前半部で彼自身が主張した、人民に選ばれた議会による政治主導は全く期待できないものとなった。『外史』前半部とは異なり、近代の「革命」の成功と、自身が《国家》の一部分であることを国民が自覚する《国家意識の覚醒》とが、彼のなかで直接結びつかなくなったためである。

それゆえに、北が『外史』後半部で提唱する《東洋的共和政》は、未だ《国家意識の覚醒》を果たしていない中国国民の自由を守るものとして設定された。国内に対しては武断政策によって《亡国階級》を一掃し、国外に対しては軍国主義によって国難を排除する、オゴタイ＝ハンの如き《天》の使命を享けて立つ元首を中心とした強権的な指導者を求めたのである。

しかし北の論のなかで《東洋的共和政》に与えられる役割はそれだけに留まらない。何故なら北にとって《国家意識の覚醒》は、『外史』後半部においても、依然として近代《国家》を考えるうえで捨てられない重要な概念だったからである。

彼は「国家」をそれ自身が意志・目的を持って生存する「進化的生物」であると考えており、近代をこの《国家》が名実ともに主権を持つ時代として捉える、『国体論』以来の《国家》観を『外史』後半部においても保持していた。

北にとっての《国家》は、一貫して、従来の国家主義論者が論じるような法律上の擬制によって附与された人格ではなかった。それは『外史』後半部において、国民の《心的傾向》に基づいて形成される《国民的信念》ではなく、「国家」の利益と幸福を国民の責任と考える《国家的信念》を「近代国家の全てを作るもの」と定義していることに端的に表れている。つまり『外史』後半部の北にとっても、近代国家の主権はあくまで《国家》自身に帰属すべきものであり、この近代国家を具現化したものが《東洋的共和政》だったのである。

ではこの近代国家、《国家》の利益と幸福を国民の責任と考える《国家的信念》を基礎とした《東洋的共和政》を実現させるためにはどうすればいいのか。

北は何よりも先に、旧国家社会に従属してきた中国国民自身への自己反省を訴える。彼によれば、近代国家の基礎は、《国家》の利益と幸福を国民の責任と考える《国家的信念》にあるが、その《国家》の興亡は、国家の一分子である国民の《心的傾向》に左右されるものであった。

それゆえに北は、この《国家的信念》を基礎とする近代国家を作り出すためには、まず中国において旧国家社会を支えてきた理念である孔教を国民の《心的傾向》から一掃し、孔教に依拠しない《心的傾向》に基づく、新たな《国民的信念》を作り出さねばならないと訴えたのである。

そして北の言う、この孔教に依拠しない《心的傾向》に基づく新たな《国民的信念》にこそ、従来の研究において彼の主張が変化する理由として指摘されてきた、人間を超える超越的な存在を意味する《天》という言葉が『外史』後半部で頻出することと深くかかわっている。

彼は『外史』後半部において、「神の姿を見神の聲を聞き神と与に謀る」《心的傾向》にもとづく新たな《国民的信念》を提唱し、《神》の意思を聞きこれを理解する国民を生み出すことを求めた。何故なら彼の論のなかでは、《国家》の外から判断する超越的な存在である《天》に加え、《国民的信念》を持ち《国家》の内から《神》の意思を聞きこれを理解する国民の渇望（渇仰）により、《東洋的共和政》におけるオゴタイ＝ハンの如き元首による統治の正当性が担保されるからである。

北は『外史』後半部において、旧国家社会とは全く異なる前提に立つ近代国家、「神の姿を見神の聲を聞き神と与に謀る」《心的傾向》にもとづく新たな《国民的信念》を形成した国民による、《国家》の利益と幸福を国民の責任と考える《国家的信念》を基礎とする近代国家を、中国において作り上げようとしたのである。

そしてこのような北の《革命》構想は日本の〈革命〉へ、一九一九（大正八）年八月に彼が上海で執筆した『国家改造案原理大綱』へと引き継がれてゆくこととなる。

孫文と北一輝――〈革命〉の模索

以上のように本章では、孫文と北一輝の〈革命〉構想が辛亥革命を経験したことによって再構築されたこと、そしてその再構築された両者の〈革命〉がそれぞれの母国の革命へと繋がっていくことについて言及したが、最後に彼らの〈革命〉構想の共通点から、〈革命〉とは何かという問題について考える。

両者の共通点の一つ目は、北一輝と孫文が〈革命〉によって、新たな前提を基礎とした国家を作り出そうとしていたということである。

彼らの革命構想は、現実の革命を経験したその前後で再構築されたが、それぞれの〈革命〉を起こす目的については、終始一貫していた。「国家」を実在の人格と捉える北一輝は、《革命》によって名実ともに《国家》を主体とする国家を作ろうとした。そして満州王朝を異民族専制支配と捉えた孫文は、《革命》によってこれを倒し、漢民族主体の国家を作ろうとしていた。

このことから考えれば、彼らの革命構想は、〈革命〉を起点にして旧国家社会を否定し、その上に新国家を創造しようとしていたものと言える。この点において、旧国家社会を否定せずその延長線上に、西欧諸国をモデルとする「議会制民主主義」を導入しようとした梁啓超の〈改革〉は、その前提からして彼らの〈革命〉とは全く別のものであった。

二つ目は、『外史』後半部と「中華革命党総章」、現実の革命を経験した後に再構築された彼らの〈革命〉構想のなかで、〈革命〉を国民の《本能的自由》の発露によって起こるものと捉え、新国家にはこれを制御・統一する強権的な力が必要であると主張している点である。

《近代的統一》を「自由の基礎の上に建てられたる専制」と定義した『外史』後半部における北と、意識的に「自由」を規制しなければ革命を成功させることはできないと考えて革命党党首に強権を付与し、総章によって《革命時期》は必ず革命党員が国家を主導しなければならないと規定した、中華革命党時期の孫文。本書の第五章で述べたように、両者の主張は見事に合致している。

ではこれらの主張の一致から何が読み取れるのか。
彼らは戻ることのできない転機、決定的・本質的な転換点として〈革命〉を求めた。しかし実際に起こった革命は、彼らが思ったようには進行しなかった。
辛亥革命・宋教仁暗殺事件・第二革命・第三革命と、革命の現実を体感するなかで、孫文と北の両者は、革命の原動力は《本能的自由》に目覚めた大勢の民衆にある、という厳然たる事実に直面した。〈革命〉とは立憲制を主体的に担いうる《国民》の出現により起こるものではなく、旧体制の崩壊がもたらす人の自由・欲望の解放により起こるものであった。それゆえに孫文や北一輝は、革命が起こったその瞬間から、この民衆をいかにして制御し、自身の革命構想のなかに組み込むか、という問題に直面することになった。

そして彼らは、〈革命〉には独裁を必要とするという、一見矛盾した答えに行き着いたのである。「革命が自由政治を求めずして専制的統一を渇仰するは東西に符節を合する如し」[5]とは、『外史』後半部における北の結論であった[6]。

もちろん、これはあくまでも北と孫文が出した一つの結論にすぎない。しかしフランス革命におけるナポレオン、ロシア革命でのボルシェビキやソビエト連邦共産党など、革命後に多くの独裁体制が敷かれたことを考えれば、彼らが出したこの結論は近代における〈革命〉に共通するものだったのではないかと考える。

註

序章■二人の革命家――孫文と北一輝

1 出典は『易経』の「湯武革命順乎天而応乎人」（湯武命を革むるや、天に順い、人に応ず）。天子は天命を受けて民を治めるが、悪政によって民心が天子から離れた時は、天は別の有徳者に命を下し、代わって天子たらしめるという思想。

2 Revolutionとしての革命と、易姓革命が異なる概念であるとの説明は、多くの辞書で共通している。その理由については『国史大辞典』では「社会体制の変革と発展の意味をふまない点で、レボリューションとは異なる」（『国史大辞典』第三巻、吉川弘文館、一九八二年、一九九頁）と説明され、『アジア歴史辞典』では、Revolutionを社会現象として著しい特徴を示すものと説明し、「この『革命』（中国及び日本において和訳としてあてられている「革命」という言葉）と社会革命における革命〔Revolution〕とは、まったく質が違っている。……〔易姓革命は〕一種の政治革命をあらわした思想であって、それには社会革命の意義はない」（『アジア歴史事典』第二巻、平凡社、一九五九年、一五〇頁）と説明されている。また『世界大百科事典』においても、「今日では、革命は、政治権力の根本的変革を中心とする社会の大変動を意味」しており、「革命の名に価するのは、支配関係自体の変革をもたらすような政治権力の変革だけである。このような政治権力の根本的変革は、必然的に宗教、道徳、学問、芸術、言語、風俗、習慣、経済、法制など人間生活のあらゆる分野に及ぶ社会革命を随伴する」（『世界大百科事典』第五巻、平凡社、一九七二年、四〇七頁）と説明している。これらのことから、社会体制の変革を含むという点が、Revolutionの特徴として捉えられていると考えられる。

3 南塚信吾編『歴史学事典　第四巻　民衆と変革』（弘文堂、一九九六年）、九五頁。

4　一七世紀当時、「清教徒革命」についてはイギリスの内戦として評価されていた。〈革命〉の一つとして取り上げられるようになったのは、マルクス主義者が革命を再定義する一九世紀のことである。

5　江田憲治「辛亥革命100周年と近10年における日本の辛亥革命研究」、孫文研究会編『孫文研究』第四八・四九号（孫文研究会、二〇一一年八月）、三六頁。

6　並木頼寿「日本における中国近代史研究の動向」『近代中国研究案内』（岩波書店、一九九三年）、二五頁。なお並木氏は、このように辛亥革命に対する評価が変化した理由について、情報の増加に伴って現在の中国の「後れた」実態が伝わり、社会主義革命が達成されたという中国革命の成果に対する理念的な共感が打ち砕かれ、代わって伝統中国を中心とした東アジア地域の歴史的展開の特殊性が検討のテーマとなったためであると説明している。同、二四～二五頁。

7　北一輝「第三回の公刊頒布に際して告ぐ」（大正一五年一月三日）、『北一輝著作集　第二巻　支那革命外史 国家改造案原理大綱　日本改造法案大綱』（みすず書房、一九五九年）、三六〇頁。なお『北一輝著作集　第二巻』については以下『北一輝著作集二』と略記する。

8　一九〇五（明治三八）年八月二〇日、東京で結成された孫文を総理とする政治結社。清朝を打破するという共通目的によって孫文・胡漢民・汪兆銘らが属する興中会、黄興・宋教仁・陳天華らが属する華興会、陶成章・章炳麟・蔡元培らが属する光復会が大同団結したもの。成立当時の名称は「中国革命同盟会」であったが、日本政府の干渉により「中国同盟会」に改められた。

9　同盟会の正式会員となった日本人は八名であり、そのうちの七名が『革命評論』の主事である宮崎滔天・萱野長知・清藤幸七郎・和田三郎・池亨吉・平山周・北一輝であった。上村希美雄「『革命評論』研究試論」、熊本近代史研究会編『近代における熊本・日本・アジア』（熊本近代史研究会、一九九一年）、二四四頁。

10　原題は『支那革命党及革命之支那』。一九二一（大正一〇）年に公刊されたときに『支那革命外史』と改題された。

11　久保田文次「『支那革命外史』の実証的批判」、『史艸』第一四号（日本女子大学史学研究会、一九七三年一〇月）。

12 同右、三頁。なお久保田氏は「要するに『外史』は北一輝個人の見聞、主張を述べたものとしてはともかく、辛亥革命史の叙述としてはいちじるしく歪曲されたもので、そのまま史料として使うことはとうていできない」（同、二八頁）とも批判している。

13 前川亨「『支那革命外史』からみた中国革命と日本ファシズム—アジア民族主義革命の理念と現実—」、『東洋文化研究所紀要』第一三一冊（東京大学東洋文化研究所、一九九六年一一月）、黄自進『北一輝的革命情結：在中日両国従事革命的歴程』（中央研究院近代史研究所、二〇〇一年）など。なお黄氏は同書において、北の異なる史実認識は、譚人鳳の自伝的著作である『石叟牌詞』の影響を受けたのではないかと分析している。同『北一輝的革命情結：在中日両国従事革命的歴程』、一七三〜一七四頁。

14 丸山眞男『増補版　現代政治の思想と行動』（未来社、一九六四年）、三四頁。

15 この頃は二・二六事件の首謀者として知られ、かつ「ファシズムの教祖」としてのレッテルを張られた北一輝については、ほとんどの学者が興味を示さなかった。田中惣五郎氏のみが『日本ファッシズムの源流　北一輝の思想と生涯』と題する書籍を出版しているが、題名からも分かるように、田中氏の興味は北が〈社会主義からファシズムへと転換したこと〉にあった。田中氏は『北一輝　日本的ファシストの象徴　増補版』のはしがきにおいて、この書（『日本ファッシズムの源流　北一輝の思想と生涯』）の執筆目的は、「天皇制ファシストの象徴的存在であった北一輝をえがくことで、日本のファシズムの特異性をあきらかにしようとした」ことにあったと説明している。田中惣五郎『北一輝　日本的ファシストの象徴　増補版』（三一書房、一九七一年）、一頁。

16 久野収「超国家主義の一原型—北一輝の場合—」、加藤周一・久野収編『近代日本思想史講座Ⅳ　知識人の生成と役割』（筑摩書房、一九五九年）、一三〇頁。なお氏がここで言う〝顕教〟とは、天皇制を維持するうえで〝密教〟（天皇の権威と権力を憲法その他によって限界づけられた制限君主とみる解釈のシステム）と対になる、天皇を無限の権威と権力を持つ絶対君主とみる解釈のシステムである。〝密教〟が支配層間の「申しあわせ」であるのに対して〝顕教〟は国民にたいする「たてまえ」であるとされる。久野収・鶴見俊輔『現代日本の思想—その五つの渦—』（岩波新書、一九五六年）、一三二頁。なお久野氏はこの『現代日本の思想—その五つの渦—』においても、北一輝を「明治の伝統的国家主義から切れた昭和の超国家主義の思想的源流であった」(一三九頁)と評価し、『国体論』を「密教による顕教征伐」(一四九頁)と位置づけている。

17 同右、一四五〜一四六頁。

18 同右、一五二頁。

19 この北の思想的変容をどのように位置づけるかについては、大別すると、『国体論』から『改造法案』への両著の間に大きなズレがあるとする見方と、北の思想的変化はあくまで外的状況によるものであり、根底に流れる思想そのものに変化はないとする見方の二つの立場に集約される。久野氏は前者、後述する萩原稔氏と岡本幸治氏は後者に当たる。

20 岡本幸治『北一輝　転換期の思想構造』(ミネルヴァ書房、一九九六年)、一五一頁。

21 例えば前川亨氏は、「彼の場合には、ナショナリズムからファシズムへの転換の契機とその様態が比較的はっきりつかめるのである」と述べ、「本論の目的は、彼のそうした転換の契機が、彼と中国革命との接触の中に見出されることを明らかにすることである」と述べている。前川前掲論文「『支那革命外史』からみた中国革命と日本ファシズム—アジア民族主義革命の理念と現実—」、一八六頁。

22 萩原稔『北一輝の「革命」と「アジア」』(ミネルヴァ書房、二〇一一年)。

23 『外史』公刊に尽力した第一人者であり、北一輝が上海で『国家改造案原理大綱』を執筆していた際には、上海に赴いて北と二日間語り合い、この原稿を託された。

24 大川周明「北一輝君を憶ふ」、橋川文三編『近代日本思想大系21　大川周明集』(筑摩書房、一九七五年)、三六一頁。

第一章■北一輝の革命前夜——《社会民主々義》の理想

1 前掲「第三回の公刊頒布に際して告ぐ」、三六〇頁。

2 初期論説と『国体論』の関係について言えば、すべてが『国体論』と同一の立場にたって述べられたものではない。例えば日露戦争実現の可能性が切迫し危機感高まるなかで北が書き上げた「日本国の将来と日露開戦」や本論で取り上げる「咄、非開戦を云ふ者」においては、北の主張は主に国内改革ではなく対外との関係を説くことを主眼としている。しかしこれは日露戦争の開戦によって北の対外的な危機感が高揚したからであり、これらの論説と『国体論』の間には、根本的・原理的な変化は見られないと考える岡本幸治氏の指摘に筆者も同意する。岡本前掲書『北一輝　転換期の思想構造』、四三～四四頁。

3 卓堂「北一輝の筆名」「政界廓清策と普通選挙」、松本健一・高橋正衛編『北一輝著作集　第三巻　論文・詩歌・書簡―関係資料雑纂―』（みすず書房、一九七二年）、六九～七〇頁。なお『北一輝著作集　第三巻』については以下『北一輝著作集三』と略記する。

4 同右、七〇頁。

5 同右、七〇頁。

6 同右、七〇頁。

7 同右、七一頁。

8 同右、七一頁。

9 同右、七二頁。

10 北は同論説のなかで、

> 吾人は明白に告白せむ。吾人は社会主義を主張す。社会主義は吾人に於ては渾べての者なり。殆ど宗教なり。吾人は呼吸する限り社会主義の主張を抛たざるべし。
>
> （卓堂「咄、非開戦を云ふ者」、『北一輝著作集三』、八六頁）

と主張し、生涯社会主義の主張を掲げると表明している。

11 同右、八六～八七頁。

12 同右、九〇～九一頁。

13 同右、九四～九五頁。

14 同右、九四頁。

15 同右、九六頁。

16 《帝国主義》を国家の生存を守るための〈正義〉の主張であると考える北にとって、満洲と韓国に対する日本の植民地化政策は否定されるべきものではない。彼は同論説のなかで、

而もこの事実〔世の社会主義者が、皇帝や政治家の覇権を争う無意義な名利のためにあらそっている帝国主義に反対していること〕あるが為めに狭隘なる国土より満韓に溢れ出づる移民の自由と権利とを保護する渾べての帝国主義を否むとは何の理由ありや。……日露の開戦は経済的諸侯の貪慾なる外侵にあらず、皇帝や政治家の名利より出づる外征にあらず。世界併呑の野蛮なる夢想に対して、満韓に膨張せる国民の正義を、国家の正義に於て主張する者なり。（同右、九六頁）

とも述べており、日露開戦を、世界征服の野望を持つロシアに対して、日本が国民の〈正義〉のために国家の〈正義〉を主張したものと捉えていたことが分かる。日本の植民地化政策を、狭い国土しか持たない日本が国民の生存を守るために行うものとして肯定しており、これらの点において、北の主張する《正義》には加害者意識が欠如していたと言える。

17 同右、九七頁。

18 北輝次郎「緒言」、『北一輝著作集　第一巻　国体論及び純正社会主義』（みすず書房、一九五九年）、一頁。なお『北一輝著作集　第一巻』については以下『北一輝著作集一』と略記する。

19 北輝次郎「第参編　生物進化論と社会哲学」第五章、『北一輝著作集一』、一二〇頁。

20 岡本幸治氏は、北の進化論受容について、「彼の狙いは、生物進化論という強大な科学を敵にまわして勝ち目のない論争をいどむことではなく、逆に『生物』進化論を人間社会にひきつけて『社会』進化論の土俵に取りこみ、『社会』主義の強力な理論的支柱とすることにあった。」と評価しており、彼独自の思想核のうえに進化論を受容したのであって、その逆ではないと指摘する。岡本前掲書『北一輝　転換期の思想構造』、八一・一一六頁。

21 前掲「緒言」、一頁。

22 前掲「第参編　生物進化論と社会哲学」第五章、一〇三～一〇五頁。

23 北は個人が自己を一個体として意識することを「利己心」「個人性」、社会が分子である個人を包括した自己を一個体として意識することを「公共心」「社会性」と呼んだ。同右、一〇五頁。

24 北輝次郎「第弐編　社会主義の倫理的理想」第四章、『北一輝著作集一』、八九頁。

25 宮本盛太郎氏はこの点について、「彼〔北一輝〕は、また、本来的に社会的な存在としての個人を承認するに吝かではなかったが、基本的人権を含み持つ唯一の実在としての個人を認める『偏局的個人主義』には馴染めなかった。」（宮本盛太郎『北一輝研究』、有斐閣、一九七五年、六六頁）と指摘している。

26 北は第八章において、

社會と個人とは単に大我と小我との立脚地の相違なり。

（北輝次郎「第参編　生物進化論と社会哲学」第八章、『北一輝著作集一』、一九四頁）

と述べている。

27 個人の自由を極端に抑圧する偏局的社会主義に相対する、北が定義する正しい社会主義の在り方。北は偏局的社会主義の例として、「今の科学的社会主義にして個人主義の革命を承けて個人性の権威を尊重すべきを知らざる偏局的社会主義」（前掲「第弐編　社会主義の倫理的理想」第四章、七九頁）、「中世暗黒時代の社会専制国家万能の偏局的社会主義」（同、八〇頁）等を挙げている。

28 前掲「緒言」、三頁。

29 「緒言」では帝国主義と世界主義の関係について詳細に述べられていないが、北は第五章において、

偏局的社会主義の如く小我の国家を終局目的として世界の凡ての国家と民族との分化的発展を無視することは世界の大我よりして許容すべからざる不道徳なり。

（前掲「第参編　生物進化論と社会哲学」第五章、一一三頁）

と述べて、一国家の独立のために世界のより大きな大我を蹂躙することは無数の害悪を生むと警告し、社会主義が世界主義を提唱する所以はここにあると説明している。

30 北輝次郎「第四編　所謂国体論の復古的革命主義」第九章、『北一輝著作集一』、二四七頁。

31 前掲「緒言」、一頁。

32 前掲「第四編　所謂国体論の復古的革命主義」第九章、二一一頁。

33 同右、二四九頁。

34 北はこの前文において、

吾人を以て国家万能主義なりと誤解すべからず。国家万能主義とは国家が国民の思想信仰の内部的生活にまで立ち入ることを許容せられたる時代を指す。（同右、二四九頁）

と述べて、国民の内部的生活まで規定する国家万能主義と異なり、自身の社会主義は、個人の思想信仰の自由を保障するものであると説明している。

35 同右、二三八頁。

36 同右、二三八頁。

37 以下、北の論のなかで《国家》と記載した場合、断りがない限り「実在の人格としての国家」を指すものとする。

38 前掲「第四編　所謂国体論の復古的革命主義」第九章、二三八頁。また北は同章において、

原始時代に於ては其〔権力の源泉が個人ではなく団結的強力にあること〕が明確なる自覚に於ける意識に非らずして本能的に眠れる社会性に在りしと雖も、決して個人主義の臆説の如く利己心の思想による契約や、又穂積博士等の説く如き威力に対する恐怖よりしての余儀なき結合又は服従に非らず。社会的生物として、契約なくとも言語を有せし如く威力によらずとも始めより団結して存在し、団結其の事が威力なるなり。（同、二四三頁）

と述べており、個人は決して原始時代でも個人としてのみで存在していたことはないと考えていたことが分かる。
39 同右、二三九頁。
40 同右、二二八頁。
41 同右、二一三頁。
42 同右、二一四頁。
43 同右、二一四〜二一五頁。
44 北は同章において、「君主が国家を所有物として贈与し相続せし中世時代」、国家が統治の主体なることを主張する「国家主権の近代国家」と、両者を対比して述べている。同右、二二一頁。
45 北輝次郎「第四編　所謂国体論の復古的革命主義」第十四章、『北一輝著作集一』、三四八頁。
46 前掲「第四編　所謂国体論の復古的革命主義」第九章、二四三頁、同右「第四編　所謂国体論の復古的革命主義」第十四章、三四九頁。
47 同右「第四編　所謂国体論の復古的革命主義」第十四章、三五〇頁。
48 前掲「第四編　所謂国体論の復古的革命主義」第九章、二四五頁。
49 同右、二四五頁。
50 北が明治維新を「革命」と称したのは一九〇五（明治三八）年一〇月に発表した「社会主義の啓蒙運動」が最初であり、それ以前は明治維新についての言及がほとんど見られないことが、萩原稔氏により指摘されている。萩原前掲書『北一輝の「革命」と「アジア」』、二三七頁。
51 前掲「第四編　所謂国体論の復古的革命主義」第十四章、三五四頁。
52 同右、三五四〜三五五頁。
53 同右、三五五頁。
54 前掲「第四編　所謂国体論の復古的革命主義」第九章、二四〇頁。
55 同右、二三〇〜二三一頁。
56 北は天皇についても独特の見解を有していた。彼は明治維新以前の天皇は、国土と人民を自身の目的と利益のために動かすことのできる統治権の主体、《国家》の所有者であったとする一方で、「維新革命」後の天皇は「当時と全く意義を異にせる国家の特権ある一分子」（同右、二一八頁）であると述べる。また彼は同章の一節で、

> 約言すれば日本天皇と日本国民との有する権利義務は各自直接に対立する権利義務にあらずして大日本帝国に対する権利義務なり。例せば日本国民が天皇の政権を無視す可からざる義務あるは天皇の直接に国民に要求し得べき権利にあらずして、要求の権利は国家が有し国民は国家の前に義務を負ふなり。日本天皇が議会の意志を外にして法律命令を発する能はざる義務あるは国民の直接に天皇に要求し得べき権利あるが為めにあらず、要求の権利ある者は国家にして天皇は国家より義務を負ふなり。
> （同右、二一三頁）

と述べ、他の国民と異なり特権を有するものの、維新後の天皇を統治権の主体ではなく、《国家》に対して義務を負う《国家》の一分子として描いている。なお、天皇が特権を有する理由について、北は第十章において、

> 天皇が他の何者も比較すべからざる重大なる栄誉権を有し国民の平等なる要求を為すべからざるは国家の利益の為めに国家の維持する制度にして、皇室の特権を無視することは国家の許容せざる所なり。
> （前掲「第四編　所謂国体論の復古的革命主義」第十章、二六三頁）

と主張しており、《国家》の利益のために天皇に特権が認められているのだと解釈していることが分かる。これらのことから、北の想定する「維新革命」後の天皇は、常に実在の人格としての《国家》との関係のなかで規定されていると言える。

57 前掲「第四編　所謂国体論の復古的革命主義」第九章、二四七頁。なお北は、「公民国家」における政体を、最高機関を特権ある国家の一員によって組織する政体、最高機関を平等の多数と特権ある国家の一員に

よって組織する政体、最高機関を平等の多数によって組織する政体の三つに分類している。同、二三六頁。
58 同右、二三一～二三二頁。
59 同右、二三二頁。
60 北輝次郎「第五編　社会主義の啓蒙運動」第十五章、『北一輝著作集一』、三七八頁。
61 同右、三七九頁。北は同章において、

国家が経済的家長君主等の為めに恣に処分せらるゝは是れ国家の人格が打破されたるものにして、『大日本帝国』は名を憲法の反故に止めて家長国の中世に復古せるものなり。（同、三八〇頁）

とも述べており、無数の黄金貴族や経済的大名が自己の利益のために国を動かしている現状に警鐘を鳴らしている。
62 北は「社会主義の経済的方面たる土地資本の国有を名けて『経済的維新革命』と呼ぶ。」と定義している。同右、三七七頁。
63 同右、三七七頁。
64 同右、三八九頁。
65 前掲「第参編　生物進化論と社会哲学」第八章、一九一頁。
66 北は第三章において、人類の平等観の伝播を河流に例えて、

此のナイヤガラを経てオンタリオ湖に落下し、社会意識が鏡の如き湖面に漲ぎり渡り、人類の平等観が全地球に発展せられたる時――茲に社会主義の主張する社会の進化と、個人主義の理想したる平等の平面の上に行はるゝ自由なる活動と在り。
（北輝次郎「第壱編　社会主義の経済的正義」第三章、『北一輝著作集一』、四九頁）

と述べ、平等観の普及によって、個人の自由が許容されると主張している。

67　北は第十五章において、《社会民主々義》の階級闘争は、既存の上流階級にとって変わろうとするものではなく、模倣と同化によって運動の本体である一般民衆が上流階級に進化し、上流階級が拡張されるものであると説明する。つまり北の論によれば、一般民衆の進化によって、階級社会そのものが消滅するのである。前掲「第五編　社会主義の啓蒙運動」第十五章、三九三頁。

68　以下、北の論のなかで《国家意識の覚醒》と記載した場合、「《国家》の一分子である国民が、《国家》が何たるかを知り自身が《国家》の分子であることを意識すること」を指すものとする。

第二章■孫文の革命前夜――辛亥革命の根本義

1　前掲「緒言」、二一〜二三頁。

2　北の『国体論』発刊について、河上肇は「今の所謂学者階級の何等為すなきに反し、無名の一学究たる本書の著者が能く此の如き大冊を自費出版して其所見を世に問へる篤学と勇気とに対し茲に敬意を表し置く者也」（「読売新聞（河上肇氏）」、『北一輝著作集三』「一一　著書について」、五七一〜五七二頁）と、片山潜は「是れ一千有余頁の一大著述なり、蓋し我邦社会主義に関する著書中最大なる者なり、其内容如何は暫らくをき著者が之に向つて費したる研究と能力は莫大なる者にして吾人は社会主義の為めに感謝せざるを得ず」（「光（片山潜氏）」、同、五七二頁）と、福田徳三は「一言を以て蔽へとならば『天才の著作』と評するの尤も妥当なるを覚へ申候」（「福田徳三氏書簡」、同、五八〇頁）と述べており、三者とも北の著書を高く評価している。

3　同右、五七四〜五七五頁。

4　社会の安寧秩序を妨害するものとして、出版法第十九条により発禁処分となった。「北氏の著書発売を禁ぜらる」（佐渡新聞、明治三九年五月一八日）、『北一輝著作集三』「一一　著書について」、五六三頁。

5　著者〔北一輝〕「純正社会主義の経済学　序」緒言、『北一輝著作集三』、五三六頁。

6　一九〇六（明治三九）年七月一三日に『国体論』の第三編「生物進化論と社会哲学」を『純正社会主義の哲学』と改題して出版し、同年一一月一日に第一編「社会主義の経済的正義」を『純正社会主義の経済学』と改題して出版しようとするも、発行日前日に発禁処分とされた。

7　従来の研究において、北が日本革命から中国革命へ転進した理由については、『国体論』の発禁処分によって日本国内の改革が難しくなったことに加え、『国体論』を通じて交流するようになった幸徳秋水ら社会主義者との齟齬が挙げられてきた。しかし萩原稔氏は、彼の転進にはもっと積極的な理由、「世界革命」の論理――各国で「純正社会主義」革命が起こり、地理的に近隣した国家同士が連携し、さらに「世界連邦」というかたちで国家間の利害を平和的な手段で解決し、究極的には「世界国家」へと進み人類全体の進化を完成させる――を実現する意図があったと指摘し、北は「世界革命」の実現の一段階として中国革命を評価していたと述べている。萩原前掲書『北一輝の「革命」と「アジア」』、六二頁。

8　雑誌『革命評論』を発刊していた機関。第一号は一九〇六（明治三九）年九月五日に発刊された。主要な人物として宮崎滔天、萱野長知、清藤幸七郎、平山周、板垣退助の秘書であった和田三郎、孫文の日本人秘書であった池亨吉が挙げられる。当時毎日新聞社の記者であった横山源之助は、この革命評論社を「支那革命派の日本々部」と評した。上村前掲論文「『革命評論』研究試論」、二四四頁。

9　北が革命党に入党した経緯については、北本人が二・二六事件の調書において、『国体論』を印刷していた出版屋が、革命党の機関紙である『民報』を印刷していたことがきっかけであり、「其の私の書いた書物が支那留学生、亡命客に多く読まれまして、其の因縁から、故宮崎滔天の導きで二十四歳の秋、孫逸仙、黄興、宋教仁等の列座の席上支那の革命党に参加しました」と説明している。「憲兵隊調書　第七回聴取書」（昭和一一年四月一七日）、『北一輝著作集三』「七　二・二六事件　調書」、四四四頁。

10　一九〇五（光緒三一）年に東京で中国同盟会（序章註8参照）が結成され、孫文がその総理となったが、これをもって孫文の一元的支配が同盟会全体に及んだとは言えない。特に章炳麟・宋教仁ら光復会・華興会出身者とはその革命運動の方針をめぐって対立しており、一九〇七（光緒三三）年以後は基本的に別行動をとっていた。そのため本書では、孫文ら革命派の辛亥革命以前の《革命》構想を分析するが、中華革命党結党時期の孫文の《革命》構想を分析する準備段階としてこの《革命》構想を取り上げるため、孫文以外の論稿を扱うにあたっては、孫文と近しい人物、彼と同郷で興中会からの側近であり、一九〇七年以降も孫文と行動を共にし、また梁啓超との論戦において鋭い筆陣を張った汪兆銘（精衛）

の「民族的国民」と「駁新民叢報最近之非革命論」、「再駁新民叢報之政治革命論」を取り上げる。

11 同盟会の三民主義の綱領を宣伝することを主旨とし、一九〇五年一一月二六日（光緒三一年一〇月三〇日）に東京で刊行された。華興会出身の宋教仁が主宰していた『二十世紀之支那』を継承している。

12 保皇会の主要言論機関として一九〇二年二月八日（光緒二八年正月一日）に横浜で創刊された。梁啓超主筆。同盟会との論戦に際しては「開明専制論」「申論種族革命与政治革命之得失」「答某報第四号対於新民叢報之駁論」などの論説を掲載した。

13 一九〇五（光緒三一）年から一九〇七（光緒三三）年の約三年間にわたって、梁啓超編『新民叢報』と同盟会機関紙『民報』との間で展開された、擁満改革か排満革命かをめぐる一大論戦。

14 「清太后之憲政談」、陳旭麓主編『宋教仁集』上冊（中華書局、一九八一年）、一六頁。なおこの「清太后之憲政談」は、無署名で革命派の雑誌『醒獅』第一期（一九〇五年九月発行）に掲載された。

15 「予備立憲上諭、光緒三十二年七月十五日申報」、楊家駱主編『増補中国史学名著第一二三集合編　梁任公年譜長編上冊』（世界書局、一九七二年）、二一二頁。以下『年譜』と略記する。

16 公布当時の名称は「憲法大綱」であった。欽定の文字は慣習として後につけられたものである。

17 「光緒三十二年任公先生致蒋観雲先生書」、前掲『年譜』、二一二～二一三頁。

18 梁啓超「中国積弱遡源論」、『飲冰室文集』第一冊（中華書局、一九八九年）巻五、一七頁。

19 同右、一八頁。

20 「光緒廿八年四月黄公度致飲冰主人書」、前掲『年譜』、一五〇頁。

21 胡適著・吉川幸次郎訳『四十自述』（創元社、一九四〇年）、一〇七頁。

22 『新民叢報』の章程。前掲『年譜』、一四八～一四九頁。訳は丁文江・趙富田編、島田虔次編訳『梁啓超年譜長編』二巻（岩波書店、二〇〇四年）、一二八～一二九頁による。なお引用文中の「灌夫」は前漢の人であり、丞相の田蚡と仲が悪く、宴席で田蚡を罵ったために弾劾され、不敬罪に問われて族滅された人物（『史記』魏其武安侯列伝）である。後に酒の力を借りて憂さ晴らしをするという意味で用いられる。同『梁啓超年譜長編』二巻、四一三頁。

23 狭間直樹「『新民説』略論」、狭間直樹編『共同研究梁啓超　西洋近代思想受容と明治日本』（みすず書房、一九九九年)、八一頁。なお狭間氏は同頁において、梁啓超はこのような《新民》を創出することにより、中国を欧米日本のような近代的国民国家に改造しようとの大目標をもって『新民叢報』を創刊したと述べている。

24 梁啓超「新民説　第二節　論新民為今日中国第一急務」、『飲冰室専集』第一冊(中華書局、一九八九年)巻四、二頁。

25 同右、二頁。

26 梁啓超は「新た」の意味について、一つは自分に生来からあるものに磨きをかけることによって新たになること、自分には本来ないものをとりいれて磨きをかけることによって新たになることの二つを挙げている。梁啓超「新民説　第三節　釈新民之義」、前掲『飲冰室専集』第一冊、巻四、五頁。

27 梁啓超「新民説　第六節　論国家思想」、前掲『飲冰室専集』第一冊、巻四、一八頁。

28 同右、一六頁。

29 梁啓超は一九〇六(光緒三二)年に執筆した「開明専制論」においても、中国人民を「義務思想未発達之人民」(「開明専制論　第八章　論開明専制適用於今日之中国」、『飲冰室文集』第二冊、中華書局、一九八九年、巻一七、七九頁)と述べている。

30 前掲「新民説　第六節　論国家思想」、一六頁。

31 同右、一六頁。

32 同右、一六頁。

33 以下、梁啓超の論のなかで《国民》と記載した場合、断りがない限り、国家思想を持つ国民を指すものとする。

34 孫文ら革命派の主張が梁啓超によって全く受け入れられないものであったと述べたが、先行研究において、梁啓超が孫文と近しい考え方を持っていたと捉えられている時期が存在する。梁は一九〇二(光緒二八)年一〇月、彼の師である康有為に宛てた書簡において次のように書いている。

今日民族主義最発達之時代、非有此精神、決不能立国……而所以喚起民族精神者、勢不得不攻満洲。

……満朝皆仇敵、百事腐敗已久、雖召吾党起用之、而亦決不能行其志也。……愈遅則愈惨、毋甯早耳。

（「光緒廿八年十月与夫子大人書」前掲『年譜』、一五七頁）

（今日は民族主義の最も発達する時代である。この精神〔民族主義の精神〕がなければ決して立国することができない。……ゆえに民族精神を喚起しようとすれば、勢い満州を攻めざるを得ない。……満洲朝廷は皆仇敵であり、あらゆることが腐敗して久しく、我が党を招集して起用しても、決してその志を行うことができないだろう。……〔満州王朝の破壊が〕遅ければ結果はより無惨になる。早くしなければならない）

この書簡によれば、梁は満州王朝の腐敗はすでに久しいものがあり、また民族主義の盛んな今日において異民族である満州王朝を存続させておけば国そのものが危ういと考えていた。そこで彼は〈破壊〉という手段にたどり着く。革命にその解決策を見出したのである。この点を以て、先行研究では梁啓超が孫文と近しい考え方を持っていたと捉えている。なるほど、民族主義が高揚するなかで異民族が国を統治することに危惧していた梁の示す破壊は満州王朝に向けられ、孫文の提唱する満州族の王朝打倒という点で一致している。しかし満州王朝を否定する理由をその民族性に向けた孫文と異なり、梁はその理由を政府が堕落したことに置いている。つまり、梁啓超は政府の腐敗に相まって民族主義が高まる今日においてこの状況を打破しなければ国の存続が危ういと考えたからこそ、革命に賛同したのである。そして梁は革命を必要とした理由、満州政府が堕落したそもそもの原因は人民の程度が低かったことにあると考え、政治に自ら参加しようとしなかった人民の「奴性」に着目して人民の改良を提唱した。腐敗しきった政府を倒すと共に《部民》の《国民》への進化を図る、これが梁啓超の《革命》であった。このことから筆者は、梁啓超の主張はこの時期においても、孫文が主張していた《革命》とは本質的に違うものであったと考える。

35 「開明専制論」の構成について梁啓超は、全十章（解釈をなすもの三章、祖述をなすもの二章、論述をなすもの五章）からなると予告しているが、実際には八章（当初予定されていなかった「論変相之開明専制」が第七章に挿入されているので、当初の予定から言えば第七章）の第二節までで未完となっている。同論文の冒頭に掲げられた彼自身の注釈によれば、「開明専制論」執筆の動機は、『民報』第一号に掲載された陳天華『論中国宜改制民主政体』の「欲救中国必用開明専制（中国を救おうとすれば必ず開明専制を用いるべきである）」という言葉に触発されたからであるとしている。陳天華は孫文の「三序」構想を土台として、軍事力によって民権をおこして民主に改める、「憲法の治」に至るまでの時期を「開明専制」と称したが、梁啓超はこの「開明専制」を君主制の下での立憲化に置き換え、陳天華の論を批判した。なお梁啓超の「開明専制論」に関する主な先行研究としては、高柳信夫「梁啓超『開明専制論』をめぐって」『言語・文化・社会』第一号（学習院大学外国語教育研究センター、二〇〇三年三月）、藤井隆「政体論から『開明専制論』を読む」『修道法学』第三四巻第二号（広島修道大学法学会、二〇一二年二月）等が挙げられる。

36 前掲「開明専制論　第八章　論開明専制適用於今日之中国」、六七頁。

37 以下、梁啓超の論のなかで《共和国民》と記載した場合、議院政治を行い得る能力のある《国民》を指すものとする。

38 『民報』第四号において汪兆銘（精衛）が執筆した「駁新民叢報最近之非革命論」に対する反論文。なお李国俊氏によれば、『民報』第四号が旧暦の五月一日に刊行されているため、同論文は五月に執筆されたものと推定される。李国俊『梁啓超著述系年』（復旦大学出版社、一九八六年）、九四頁。

39 「答某報第四号対於新民叢報之駁論」、前掲『飲冰室文集』第二冊、巻一八、六三頁。

40 同右、六三頁。

41 梁啓超「開明専制論　第三章　釈開明専制」、前掲『飲冰室文集』第二冊、巻一七、二一頁。

42 梁啓超「開明専制論　第五章　述開明専制之前例」、同右、三一頁。

43 同右、三三〜三四頁。

44 高柳前掲論文「梁啓超『開明専制論』をめぐって」、七一頁。

45 前掲「開明専制論　第八章　論開明専制適用於今日之中国」、五〇頁。

46 同右、七六〜七七頁。

47 同右、八〇頁。

48 同右、八二頁。

49 梁が言う「強力な中央政府による立憲制の準備」のモデルの一つは、明治政府が設立してから『帝国憲法』が発布されるまでの日本である。彼は「開明専制論」の一節で、「一　日本　日本自明治元年至明治二十二年、皆開明専制時代也。」と述べ、開明専制の一例として日本を挙げている。梁啓超「開明専制論　第六章　論適用開明専制之国与適用開明専制之時」、前掲『飲冰室文集』第二冊、巻一七、四〇頁。

50 高柳前掲論文「梁啓超『開明専制論』をめぐって」、七六頁。

51 政府に責任を持たせるためには、速やかに国会を開設しなければならないとする論。梁啓超がこのように論を転じた背景には、清朝下における政府の腐敗が甚だしく、予備立憲の上諭が有名無実化するのではないかという不信感があった。なお梁啓超が「国会速開論」へと論を展開させたことについては、彼が「開明専制論」を否定し立場を変更したとする理解が定着する一方で、従来の先行研究においては、一九〇三年を境にそれまでの激しい論調（本章註34参照）を一変した「保守化」の時期とみなされ、「開明専制論」から「国会速開論」への展開についてはあまり重視されてこなかった。これに対して「開明専制論」から「国会速開論」への展開を、立憲を実現するための構想の変化と位置づけなおしたのが李暁東氏である。氏によれば両論の差は、国会の役割のなかで立法権を重視するか、政府に対する監督権を重視するかの違いであり、梁啓超の「民度」の認識を意味するものではなく、彼の意図するところは、国会開設の要求を通して人民の主体意識を呼び起こそうとしたことにあるとされる。李暁東『近代中国の立憲構想　厳復・楊度・梁啓超と明治啓蒙思想』（法政大学出版局、二〇〇五年）、一一一～一一八頁。筆者は「国会速開論」が梁啓超の「民度」の認識の変化を意味するものではないとする氏の見解に同意する。ただし、「開明専制論」から「国会速開論」への展開を、国会の認識に対する変化として説明されている点については、疑問が残る。何故なら、梁啓超は一九〇六年の「開明専制論」においても、憲法の制定を前提とした立憲君主時代では、議院は君主が任命した政府を監督・補助する立場にあると述べているからである。

52 筆者は、《国家思想》を持つ《国民》への進化を訴え続けているという点で、梁啓超の「国会速開」論は「開明専制」論の否定ではなく、彼の基本的立場は一貫していると考える。藤井隆氏は、「政体論から『開明専制論』を読む」において、「梁にとって国会速開は決して目的ではない。政府が集権的な内閣制度の構築を企図し、憲法制定を急ぐがゆえに、それに対応するための唯一の手段として国会の開設を急がざるをえないと考えたのである。それは『開明専制論』の否定ではなく、むしろその立憲観の帰結であるということができる」（藤井前掲論文「政体論から『開明専制論』を読む」、七九～八〇頁）と述べられており、筆者もこの見解に同意する。

53 ジョセフ・W・エシェリック（高嶋航訳）「第二章　辛亥革命再考」、辛亥革命百周年記念論集編集委員会編『総合研究　辛亥革命』（岩波書店、二〇一二年）、五五五頁。

54 同右、五五六頁。なおエシェリック氏は、このように革命党員が劇的に増加した理由として、清王朝に対する信用の低下と民族的な排満感情の高まりを挙げている。

55 ただし張朋園氏は、革命が不徹底に終わった理由もこの立憲派が革命に参入したことにあると論じている。張朋園『立憲派与辛亥革命』（吉林出版集団有限責任公司、二〇〇七年）、一九三頁。

56 一九〇六年秋冬、孫文が黄興・章炳麟（太炎）と共に東京で作成した『革命方略』の巻頭に置かれたもの。当時の『革命方略』には「招軍章程」「招降清朝兵勇条件」の二編は含まれておらず、これらは一九〇八年の河口起義の後で、孫文・胡漢民・汪兆銘の三人によってシンガポールで増訂された。「中国同盟会革命方略　軍政府宣言」『孫中山全集』第一巻（中華書局、一九八一年）、二九六頁。

57 同右、二九六頁。

58 同右、二九六頁。

59 「中国同盟会革命方略　招降満州将士布告」、前掲『孫中山全集』第一巻、三一二頁。

60 同右、三一一～三一二頁。

61 「中国同盟会革命方略　掃除満州租税厘捐布告」、前掲『孫中山全集』第一巻、三一七頁。なお孫文は、一九〇三年九月二一日（光緒二九年八月一日）、留日学生江蘇同郷会の機関誌『江蘇』第六期に投稿した「支那保全分割合論」において、満州族は異民族として中国に入ってきたのであり、すでに今日政府と人民は完全に離反していること、また清朝の頑固腐敗によって変法運動も効果なく、中国の土地人民はもともと清満政府の所有でないのに、外国の侵略を次々に許していることなどを挙げて、満州政府の政策を

62　批判している。孫中山「支那保全分割合論」、前掲『孫中山全集』第一巻、二二八〜二三四頁。

63　精衛（汪兆銘）「民族的国民」二六頁、『民報』第一号（明治三八年一一月二六日）。中国科学院歴史研究所第三所蒐集『民報』合訂本第一—七号（科学出版社、一九五七年）収録。

64　以下、孫文と彼が率いる革命派の論のなかで《革命》と記載した場合は、「清朝（満州族による専制）を武力によって倒すこと」を指すものとする。

65　梁啓超が『新民叢報』に連載した「開明専制論」と「申論種族革命与政治革命之得失」に対する反論として、『民報』第四号に掲載された論説。執筆は汪兆銘。

66　精衛（汪兆銘）「駁新民叢報最近之非革命論」、三四頁、『民報』第四号（明治三九年四月二八日）。前掲『民報』合訂本第一—七号収録。

67　精衛（汪兆銘）「再駁新民叢報之政治革命論」、二九頁、『民報』第七号（明治三九年九月五日）。前掲『民報』合訂本第一—七号収録。

68　前掲「支那保全分割合論」、二二三頁。

69　イギリス領植民地のオランダ系移民（ボーア人）が、一八五二年に現在の南アフリカ北部に建設した共和国。国内で金鉱脈が発見されたことにより、これに目をつけたイギリスと戦争になった。彼等は各地でゲリラ戦を展開してイギリスを苦しめたが、一九〇二年に敗戦し滅亡した。

70　前掲「中国同盟会革命方略　招降満州将士布告」、三二二頁。

日本において、孫文率いる革命派と梁啓超の思想的対立に焦点を当てて辛亥革命を論じた先行研究の主要なものとして挙げられるのは、一九六〇年代から七〇年代にかけて発表された、有田和夫「改良派と革命派—新民叢報と民報の論争—」『東京支那学報』第一一号（東京支那学会、一九六五年六月）、同「再び新民叢報と民報の論争をめぐって」宇野哲人先生白寿祝賀記念会編『宇野哲人先生白寿祝賀記念東洋学論叢』（宇野哲人先生白寿祝賀記念会、一九七四年）、菊池貴晴『現代中国革命の起源—辛亥革命の史的意義—』（巌南堂書店、一九七〇年）、野村浩一『近代中国の政治と思想』（筑摩書房、一九六四年）等である。しかしこれらの先行研究においては、梁啓超の主張を評価するものも一部あるが、いずれも最終的には梁啓超の「改革」を実現不可能であったものとして批判し、「革命」の先見性を肯定するという結論に至っている。例えば有田氏は革命派の論陣を張った汪兆銘について、「人民の力に正当な評価を与え得たのは、現状改革のよりどころを現存する権力体制に求めた梁啓超と比較する時、その思想には、はるかに主体的近代的な要素のあることが理解されるであろう」（有田前掲論文「改良派と革命派―新民叢報と民報の論争―」、六三頁）と評価し、また野村氏は革命派について、「国民の未成熟、流血と外国干渉という『新民叢報』の批判を、より高度の思想的次元において受け止めることによって、逆に『国民思想』『民族思想』、あるいはまた革命における政略論等の諸問題の明瞭な把握を生み出したのである。」（野村前掲書『近代中国の政治と思想』、一九八～一九九頁）と述べている。

71　黄克武（青山治世訳）「第四章　清末から見た辛亥革命」、前掲『総合研究　辛亥革命』、九九頁。なお黄氏はこの一節に続いて「民国以降、民主を実施する過程において出現した多くの困難と挫折も、また部分的にはこの妥協の性格に由来している。簡単に言えば、辛亥革命は破壊することはできたが、建設することはできなかったのである」（同、九九頁）と結論づけられているが、筆者は孫文ら革命派の《国民》を選択したという点において、辛亥革命は中国における大きな転機であったと考える。詳しくは以降の本文で述べる。

72　孫文ら革命派が「民主立憲制」、梁啓超が「共和立憲制」と、文中で実現するべき「立憲制」に対して異なる言葉を使用しているが、革命派が「自由平等博愛の精神があれば民主立憲制を確立することができる」と述べているのに対して、梁啓超は「答某報第四号対於新民叢報之駁論」の一節において、

然則彼所謂共和国民之資格、殆即以自由平等博愛公法観念国家観念等為標準也。夫彼謂我国民既有此等等、吾固不能為絶対的承認。然比較的可以承認、然如彼説、謂有此等等、而遂可命之為共和国民之資格乎。

（前掲「答某報第四号対於新民叢報之駁論」、六三～六四頁）

（彼が言う所の共和国民の資格は、ほとんどが自由平等博愛〔の精神〕や公法観念、国家観念などを標準としている。彼らは我が国民はすでにこれらを有するというが、私は絶対に認めない。けれども〔たとえ我が国民がこれらを有するとしても〕彼の説明するようにこれら〔自由平等博愛の精神や公法観念、国家観念など〕があることを、共和国民の資格となすべきか。）

73　と反論していることから、「民主立憲制」と「共和立憲制」は相対する意味として扱われていると考える。以下、梁啓超の論のなかで《改革》と記載した場合は、「当時の中国人民を《部民》と捉え、彼らを《国民》《共和国民》に成長させることで、段階的な過程を経て『共和立憲制』を実現すること」を指すものとする。

第三章■孫文が夢見た新中国——独自の《民主立憲制》の再構築

1　孫文ら革命派の主張する「民主立憲制」と、梁啓超が主張する「共和立憲制」を並記する理由については、前章註72参照。

2　孫文が黄興・章炳麟（太炎）と共に東京で作成した『革命方略』の巻頭に置かれたもの。前章註56参照。

3　一九〇六年一二月二日（光緒三二年三月一七日）、東京都神田区錦町の錦輝館で開かれた『民報』創刊一周年記念会の演説で述べられた、民族主義・民権主義・民生主義の三項目。孫文はこの演説において、民族主義を単に異民族を排斥するというものではなく、漢民族の政権を奪い支配者として君臨している異民族を駆逐する民族革命、民権主義を数千年続いた君主専制政体を転覆させ、民主立憲政体を樹立する政治革命、民生主義を将来必ず発生する社会問題という災禍を防止するために、民族革命・政治革命と同時に実行するべき社会革命、と説明している。孫中山「在東京《民報》創刊周年慶祝大会的演説」、前掲『孫中山全集』第一巻、三二四～三二六頁。

4　前掲「中国同盟会革命方略　軍政府宣言」、二九六頁。

5　前掲「答某報第四号対於新民叢報之駁論」、六三～六四頁。

6　前掲「開明専制論　第八章　論開明専制適用於今日之中国」、六五頁。

7　以下、梁啓超の論のなかで《共和立憲制》と記載する場合は、断りがない限り、「政府が議院の信任によって存立する責任内閣制（議院内閣制）」を指すものとする。

8　孫文ら革命派が「民主立憲制」、梁啓超が「共和立憲制」と、文中で実現するべき「立憲制」に対して異なる言葉を使用しているが、この二つの言葉は両者の論争のなかで相対する意味として扱われている。前章註72、本章註1参照。

9　前掲「中国同盟会革命方略　軍政府宣言」、二九七頁。
10　政治の害とは「政府の厭制、官吏の貪婪、差役の勒策、刑罰の残酷、抽捐の横暴、辮髪の屈辱」等、風俗の害とは「奴婢の畜養、纏足の残忍、阿片の流毒、風水の阻害」等であり、いずれも満州王朝における旧汚であるとしている。同右、二九七頁。
11　同右、二九七〜二九八頁。
12　同右、二九八頁。
13　横山宏章氏はこの点について、「同盟会は中国革命を目指す革命政党であるから、軍政府の軍事独裁体制を実質的に担うのは同盟会独裁であることを宣言したにほかならないであろうが、そのことは明記されていない。」と指摘している。横山宏章『中華民国史　専制と民主の相剋』（三一書房、一九九六年）、一六頁。
14　文中の箇所は「創立民国」のくだりである。前掲「中国同盟会革命方略　軍政府宣言」、二九七頁。
15　「憲法の治」において制定される「憲法」を指す。以下、「憲法」と記載する場合は、断りがない限り、「憲法の治」において制定される「憲法」を指すものとする。
16　「憲法の治」における大総統と議会の関係、「軍法の治」「約法の治」「憲法の治」へと移行する基準として具体的な年数が明記されていること（どのような根拠に基づくものであるのか）など。
17　前掲「中国同盟会革命方略　掃除満州租税厘捐布告」、三一八頁。
18　前掲「開明専制論　第八章　論開明専制適用於今日之中国」、五五〜五六頁。
19　横山前掲書『中華民国史　専制と民主の相剋』、一六頁。
20　当時孫文は欧米の革命干渉を阻止するために諸外国を遊説しており、武昌起義の知らせを受けた時はアメリカ合衆国に滞在していた。孫文が帰国したのは『組織大綱』が公布された後、武昌起義から二か月以上過ぎた一二月二五日（旧暦一一月五日）である。
21　主要な革命政権における都督（中華民国成立後）の出身は次の通りである。湖北都督—黎元洪（新建陸軍）、湖南都督—譚延闓（立憲派・諮議局議長）、江蘇都督—程徳全（江蘇巡撫）、上海都督—陳其美（革命派）、浙江都督—湯壽潜（立憲派・諮議局議長）、安徽都督—柏文蔚（革命派）、広西都督—陸栄廷（清

22 軍広西提督）、江西都督―李烈鈞（革命派）、広東都督―胡漢民（革命派）、雲南都督―蔡鍔（革命派）。横山宏章『孫文と袁世凱―中華統合の夢』（岩波書店、一九九六年）、四六～四八頁。

23 辛亥革命以前より、孫文の革命運動の理論的実践者としての地位が徐々に低下していたことが先行研究により明らかにされている。一九〇六年から七年にかけての、孫文の出身地である広東地方に重点を置いた軍事蜂起の相次ぐ失敗に対する、旧華興会・旧光復会系の会員を中心とした反発、日本政府当局による機関誌『民報』への弾圧と幹部に対する国外退去命令等により、中国同盟会東京本部は有名無実化していく。松本英紀「中部同盟会と辛亥革命―宋教仁の革命方策―」、同著『宋教仁の研究』（晃洋書房、二〇〇一年）参照。

24 湖南省出身。辛亥革命成功後は臨時大総統であった孫文の下、法制局長となり、中国同盟会が国民党に改組された時は理事長代理（理事長孫文）として実権を握った。民国初の国会議員選挙において国民党を勝利させた立役者とも言われる。

25 久保田文次「第五章　辛亥革命と孫文・宋教仁―中国革命同盟会の解体過程―」、同著『孫文・辛亥革命と日本人』（汲古書院、一九一一年）、一三一～一三六頁など参照。

26 谷鐘秀『中華民国開国史』（中国現代史料叢書第一輯、文星書店、一九六二年）、三五頁。

27 同右、三六～三九頁。

28 同右、八四頁。なお『臨時約法』制定の背景に着目した先行研究として、渡辺龍策「臨時約法（民国元年）の性格と背景」『中京商学論叢』第一一巻第三号（中京大学商学会、一九六五年一月）が挙げられる。また『臨時約法』制定をめぐる革命派の動向については、中村義「南京臨時政府とその時代―宋教仁・胡漢民論争を中心にして―」『東京学芸大学紀要　第三部門社会科学』第二四集（東京学芸大学紀要出版委員会、一九七二年一一月）、松本英紀「中華民国臨時約法の成立と宋教仁」『立命館史学』第二号（立命館史学会、一九八一年三月）等が挙げられる。
『臨時約法』の制定以前に、宋教仁と孫文の意向を折衷した「中華民国臨時政府組織法」の審議が要請されたが、参議院によってこの草案は拒否されている。横山前掲書『中華民国史　専制と民主の相剋』、二八～二九頁参照。

29 谷前掲書『中華民国開国史』、八七～八九頁。

30 『臨時約法』下の政治体制について金子肇氏は、一切の法律の議決権・臨時大総統の閣僚人事に対する同意権・臨時大総統及び閣僚に対する弾劾権等々、臨時大総統の権力を掣肘する強大な権力を参議院に与えながら、臨時大総統には参議院の解散権など何ら対抗する手段を認めていなかった点において、「まさに『議会専制』と呼ぶに相応しい性格を備えていた」と指摘する。金子肇「第一章　民国初期の改革と政治的統合の隘路」、前掲『総合研究　辛亥革命』、一一八～一一九頁。

31 松本前掲論文「中華民国臨時約法の成立と宋教仁」、四五頁。

32 前掲「在東京《民報》創刊周年慶祝大会的演説」、三三〇頁。

33 横山前掲書『中華民国史　専制と民主の相剋』一六頁。

34 この時期の孫文は、袁世凱を善良な人物と評し、一九一二（民国元）年一〇月六日の国民党歓迎会の演説では「袁総統は我が国民党の党綱と主義に賛成しているのだから、我が国民党は全力で政府と袁総統に賛助しなければならない」（「在上海国民党歓迎会的演説」『孫中山全集』第二巻、中華書局、一九八二年、四八五頁）と述べるなど、非常に袁世凱を高く評価していた。

35 「胡漢民自伝」、羅家倫主編『革命文献』第一至三輯合訂本（中央文物供応社、出版年不明）、四二八頁。

36 統一共和党、国民公党、国民共進会、共和実進会、全国連合共進会を吸収合併し、一九一二（民国元）年八月二五日に北京で結党された。「一、政治統一の保持。二、地方自治の発展。三、種族同化の励行、四、民生政策の採用。五、国際平和の維持」の五項目を政綱とする。

37 久保田文次氏は、宋教仁らによる国民党への改組は、同盟会の名称・主義・綱領・組織の革命性・急進性を除去し、議会活動のみを偏重する政党の結成を意味するものであり、孫文はこのような改組に当然反対であったと指摘する。しかし党内の大勢は宋教仁路線の方に傾き、孫文は革命活動の停止と国民党への改組を受け入れざるを得なかった。一九一二年の秋から翌年にかけては、孫文が自身の論を転じて議会内閣制を唱えた極めて異例な時期であるが、氏はこの理由について「かれにとって自らの思想に忠実であるためには、反袁勢力のゆるやかな結合の中で、個人として民生主義に努力する道しか残されていなかった」ためであると説明している。久保田前掲論文「第五章　辛亥革命と孫文・宋教仁―中国革

38　命同盟会の解体過程―」、一五五〜一五七頁。選挙にあたっては国民党（一九一二年八月結党、理事長は孫文）、共和党（一九一二年五月結党、理事長は黎元洪）、統一党（一九一二年初頭結党。のちに多数の政党と合流して共和党となるが、章炳麟がこれを離脱し、統一党の存続を図った）、民主党（一九一二年一〇月結党、盟主は梁啓超）などから立候補者が出たが、国民党が半数以上の議席（衆議院では五九六議席中二六九議席、参議院では二七四議席中一二三議席）を勝ち取り大勝した。李守孔『民初之国会』（中国学術著作奨助委員会、一九六四年）、八四頁。

39　宋教仁暗殺事件に関する先行研究として、片倉芳和「宋教仁暗殺事件について」『史叢』第二七号（日本大学史学会、一九八一年五月）、渡辺龍策「宋教仁暗殺事件の意味するもの―民初政争の一断面―」『中京大学論叢　教養篇』第三号（中京大学学術研究会、一九六二年一一月）が挙げられる。

40　宋教仁が亡くなったのは二日後の二二日である。

41　「宋仁教暗殺事件」〔原文ママ〕、『支那』第四巻第八号（東亜同文会調査編纂部、一九一三年四月十五日）、五一頁。

42　同右、五一〜五二頁。

43　高橋良和「中華革命党結党時における孫＝黄決裂の意味について」『名古屋大学東洋史研究報告』第七号（名古屋大学東洋史研究会、一九八一年一〇月）、四八〜四九頁参照。

44　一九一三年四月、イギリス・フランス・ドイツ・ロシア・日本の五か国が中国の袁世凱政権との間に締結した二五〇〇万ポンドにおよぶ借款。

45　渡辺前掲論文「宋教仁暗殺事件の意味するもの―民初政争の一断面―」、七〇〜七一頁。

46　高橋前掲論文「中華革命党結党時における孫＝黄決裂の意味について」、五三頁。

47　北一輝「十四　支那の危機と天人許さゞる第二革命」、『北一輝著作集二』、一三八頁。

48　渡辺前掲論文「宋教仁暗殺事件の意味するもの―民初政争の一断面―」、片倉前掲論文「宋教仁暗殺事件について」の両論文においても、袁世凱が刺客を放ったとして袁主犯説をとっている。

49　横山前掲書『中華民国史　専制と民主の相剋』、三九頁。

50 藤井昇三・横山宏章編『孫文と毛沢東の遺産』(研文出版、一九九二年)、一六二頁参照。横山宏章氏は同頁において「一九一二年一月の中華民国の誕生から、その崩壊に至る三八年間、数多くの憲法、憲法草案が生まれ、国会およびそれに準ずる議会が開催されたが、憲政による議会制民主主義は実質的には一度も機能しなかった。そして中華人民共和国も議会制民主主義を止揚したプロレタリア独裁の政治体制を確立したとして、国民党独裁に替わって共産党独裁が登場した。皇帝専制体制を打倒した辛亥革命から八〇年たっているが、北洋軍閥の軍事独裁、国民党の一党独裁、さらに共産党の一党独裁政治が続き、西欧民主主義的範疇としての議会制民主主義は近現代中国に結実していない。」と述べている。

51 一九一四(民国三)年七月八日、東京で開かれた中華革命党成立大会で発表された総章。

52 「中華革命党総章」、羅家倫主編『革命文献第五輯』(中央文物供応社、一九五四年)、五七一~五七二頁。

53 同右、五七二頁。

54 同右、五七二頁。

55 同右、五七二頁。

56 孫中山「致南洋革命党人函」、『孫中山全集』第三巻(中華書局、一九八四年)、八一頁。

57 清末から中華民国初期にかけ、孫文ら革命派を支援した、神戸華僑・王敬祥に係る一連の資料群。現在は兵庫県立歴史博物館が所蔵している。

58 神戸大学附属図書館監修デジタルアーカイブ『王敬祥関係文書』、「中華革命党入党誓約書抄件」(〇〇七四)、一九一四年九月一日。

59 黄興「復孫中山書」、『中国近代人物文集叢書　黄興集』(中華書局、一九八一年)、三五八頁。狭間直樹氏は、自分の方式で革命を指揮させて欲しいと手紙を送った孫文に対し、同書函において黄興が、「今後の革命は政治の改良を追及するもので、それは個人の天職であるから、会社の権利のように譲渡したり、請負ったりできる性質のものではない」と返答したことに着目し、「換言すれば個人の存在を根底にすえて革命をみようとした点において、徹底した民主主義者の思想をそこにみることができるのである」と指摘されている。狭間直樹「孫文思想における民主と独裁―中華革命党創立時における孫文と黄興の対立を中心に―」、『東方学報』第五八冊(京都大学人文科学研究所、一九八六年三月)、三四一頁。

筆者もこの指摘に同感であり、黄興の書翰には孫文とは異なる、黄興の民主立憲制に対する見解の一端が示唆されていると考える。

60 「《民国十大元気論》叙論」〔原文ママ〕、『梁啓超哲学思想論文選』（北京大学出版社、一九八四年）、三七頁。

61 「〔記東京留学生歓迎孫逸仙事〕附　同題異文」、前掲『孫中山全集』第一巻、二八三頁。

62 同右、二八三頁。

63 以下、孫文の論のなかで《国家》と記載する場合は、断りがない限り、「生来持つ民族という共通項により団結した漢民族の上に建てられた国家」を指すものとする。

64 黄興の言う、自由・平等・博愛の精神に基づく「共和立憲制」と異なる定義に基づくもの。自由・平等・博愛の精神に基づく「共和立憲制」と区分するために、中華革命党時期以降の論に出てくる〈孫文独自の共和立憲制〉については《共和立憲制》と記載する。

65 中華革命党成立時期に関する先行研究としては、狭間前掲論文「孫文思想における民主と独裁―中華革命党創立時における孫文と黄興の対立を中心に―」、高橋前掲論文「中華革命党結党時における孫＝黄決裂の意味について」が挙げられる。また革命党の全期を研究対象とした先行研究として、寺広映雄「中華革命党と孫文思想の形成について」『大阪学芸大学紀要A人文科学』第一〇号（大阪学芸大学、一九六二年三月）、味岡徹「孫文における大衆と革命党」『論集』第三四号（駒澤大学外国語部、一九九一年九月）等が挙げられる。

66 横山前掲書『中華民国史　専制と民主の相剋』、四七頁。

67 本章註46参照。なお高橋良和氏は「同盟会体制」を克服・止揚する具体的な内容として、指揮系統の一元化と党首を頂点におく革命指導体制の合理化を挙げている。高橋前掲論文「中華革命党結党時における孫＝黄決裂の意味について」、五三頁。

68 横山前掲書『中華民国史　専制と民主の相剋』、四七頁。

69 前掲「中華革命党総章」、五七二頁。

70 同右、五七三頁。

71 同右、五七二頁。

72 横山前掲書『中華民国史　専制と民主の相剋』、四八頁。
73 同右、四七頁。
74 「中華革命党宣言」、前掲『革命文献第五輯』、五七〇頁。

第四章■北の《革命》構想の変容――『支那革命外史』

1 序章でも述べたが、管見の限り、北の主張を意識的に前半部と後半部とで区分して取り扱っている先行研究は、萩原稔氏の『北一輝の「革命」と「アジア」』のみである。
2 北一輝「支那革命外史序」、『北一輝著作集二』、一頁。
3 一九一五（民国四）年一二月一二日に皇帝に即位することを宣言した袁世凱に対し、蔡鍔等が雲南省で独立を宣言、あわせて袁世凱討伐の兵を起こしたもの。
4 そもそも北がこの書を執筆したのは大隈内閣の時であり、故矢野竜渓から、当時の外相である石井菊次郎と大隈首相に革命の事情が判らないので話せということで百部ほど印刷して当局の少数の人にだけ配布した、と北本人が二・二六事件の聴取の際に回想している。前掲「憲兵隊調書　第七回聴取書」、四四四頁。
5 東京帝国大学法科大学教授法学博士 吉野作造「無類に鋭い」（佐渡新聞、大正六年七月二八日）、『北一輝著作集三』「二〇　北一輝への人物評」、五五四頁。
6 吉野作造「無題」（「自己のために弁ず」）、大正七年一月、雑誌『新人』「内外近時評論」の一節）、同右、五五二頁。
7 本論で述べたように、『外史』の本文は大正四年から五年にかけて書かれたものであるが、「支那革命外史序」は、革命後一〇年を振り返った北によって、一九二一（大正一〇）年八月に書かれたものである。
8 前掲「支那革命外史序」、一頁。
9 同右、二頁。
10 野村浩一氏は『外史』について、「この書物は、すでに八年前『国体論及び純正社会主義』によって出発した彼が、中国（辛亥）革命の中に見たもの、そこから学び得たもの、そうして『革命中国』に打ち込んだ彼の一切の執念をあらわしている。生涯の決定的な時点において、三つの主要な著作を残した北が、『国体論』と『日本改造法案大綱』の間に本書を書いたことは、予想される以上に重要な意味を持っているといって過言ではない。」と高く評価している。野村浩一「『支那革命外史』について」、『北一輝著作集二』、四二三頁。

11　北一輝「四　革命党の覚醒時代」、『北一輝著作集二』、二〇～二一頁。

12　北は『外史』第八章において、孫文の主張を「大統領政治と連邦制を原則とする米国的夢想」と批判している。北一輝「八　南京政府崩壊の経過」、『北一輝著作集二』、六二頁。なお北が中国における大統領政治と連邦制の導入を「米国的夢想」と批判する理由については、本章第一節「三　真の近代的組織と有機的統一の国家――《東洋的共和政体》」参照のこと。

13　前掲「四　革命党の覚醒時代」、二一頁。

14　同右、二一～二二頁。

15　前掲「第壱編　社会主義の経済的正義」第三章、六四頁。

16　北一輝「三　革命を啓発せる日本思想」、『北一輝著作集二』、一六頁。

17　北一輝「五　革命運動の概観」、『北一輝著作集二』、二九頁。

18　北一輝「二　孫逸仙の米国的理想は革命党の理想にあらず」、『北一輝著作集二』、一〇頁。

19　北一輝「七　南京政府設立の真相」、『北一輝著作集二』、五八頁。

20　前掲「二　孫逸仙の米国的理想は革命党の理想にあらず」、七頁。

21　同右、七頁。

22　同右、六頁。

23　このような北の孫文に対する批判に対して、久保田文次氏は、『革命方略』において「軍法の治」「約法の治」を経て「憲法の治」へ進むべきことを定めている点に言及し、このことからすれば、「孫文の構想が『米国的大統領責任制』の即時導入にありとし、自由平等・議会政治の即時実現を夢想していたかの如く批判するのはまったくの誤り」であり、同盟会の党員であった北が革命方略の存在を知らなかったはずはないと指摘している。前掲「『支那革命外史』の実証的批判」、一四～一五頁。筆者もこの点には同感であるが、序章でも述べたように、そうであるならば何故、北は孫文を「米国的夢想家」と批判したのかという疑問が残る。なお、北が同章において、

単なる中立的承認を他力本願によりて成就したる北米移住民の易きに学びて只唯外援を哀求する孫逸仙君は、道理より推し又事実に照して革命運動の代表者に非らず。

（前掲「二　孫逸仙の米国的理想は革命党の理想にあらず」、一一頁）

と述べていることから、『外史』前半部で北が孫文を批判する理由については、この他に外国から外援を受けていたことが挙げられる。黄自進氏はこの「外援」を受けていたことが、北が孫文を攻撃した最大の理由であると述べている。黄前掲書『北一輝的革命情結：在中日両国従事革命的歴程』、一二一頁。

24 以下、北の論において《自由》と記載した場合は、断りがない限り、社会との関係のなかで許容される自由を指すものとする。

25 前掲「二　孫逸仙の米国的理想は革命党の理想にあらず」、七頁。

26 前掲「八　南京政府崩壊の経過」、六三頁。

27 前掲「七　南京政府設立の真相」、五九頁。

28 同右、五八頁。

29 萩原稔氏は、北が議会革命を説く背景には『国体論』以来の「人間が持つ理性、ないし社会への公共性に対する深い信頼感が存在していた」と指摘する。萩原前掲書『北一輝の「革命」と「アジア」』、九六頁。

30 北一輝「十五　君主政と共和政の本義」、『北一輝著作集二』、一四三頁。

31 同右、一四三頁。

32 同右、一四三頁。

33 同右、一四四頁。

34 同右、一四四頁。

35　同右、一四八頁。
36　同右、一四五頁。
37　同右、一四九頁。
38　同右、一四六頁。
39　同右、一四六頁。
40　北一輝「十六　東洋的共和政とは何ぞや」、『北一輝著作集二』、一五三～一五五頁。
41　同右、一五五頁。
42　同右、一五六頁。
43　同右、一五八頁。
44　同右、一五八頁。
45　同右、一五九頁。
46　宮本前掲書『北一輝研究』、一四九頁。
47　同右、一四九頁。
48　宮本盛太郎氏は北の『外史』前半部と後半部の記述の違いについて、「『東洋的共和政（体）』という表現は、無言のうちに『公民国家』という国体を前提としているものと考えられる。とすれば、北の論理では、主権者である国家は、自己の意のままに最高機関の態様を変更できるわけであるから、この前半部と後半部との矛盾は、北の論理に即する限り、決して矛盾ではないことになる。」（同右、一四九頁）と説明し、『外史』について、「その文中にはストラテジーとしての発言も散見される。しかしながら、それは、彼の視座構造を変革するほど巨大なものではなく、『外史』に見られるものは、彼の魂の奥底からほとばしり出た叫びそのものであった。」（同、一四三頁）と解説する。このことから、氏が『外史』後半に見られる北の主張の変化を、「『法華経』受容による心理状態の大きな転回の反映」と説明する理由については、北が『外史』を執筆するにあたって、彼の思想構造が『国体論』の頃とさほど変化していないとする考えがあるのではないかと思われる。
49　萩原前掲書『北一輝の「革命」と「アジア」』、九五頁。

50 同右、九六～九七頁。

51 北本人が二・二六事件の調書において、「三十四歳の一月に、私は突然信仰の生活に入りました」（前掲「憲兵隊調書　第七回聴取書」、『北一輝著作集三』、四四四頁）と述べていることから、彼が法華経に傾倒しはじめたのは『外史』執筆を中断していた一九一六年一月であることが分かっている。これに関して宮本盛太郎氏は、北の弟（昤吉）の回想（北昤吉「兄北一輝を語る」宮本盛太郎編『北一輝の人間像』、有斐閣、一九七六年、二四九頁）に着目し、北の法華経への傾倒には、永福寅造という法華経の行者と出会いが深く関係していると指摘する。宮本前掲書『北一輝研究』、一二四頁。

52 松本健一氏は、『外史』後半部に見られる北の主張の変化について、「これはどう考えてもおかしい。この間に、北に何かが起こったのだと考えざるをえない。」と述べ、その「何か」とは法華経埋没、人力以上のものへの祈りだと指摘する。松本健一『北一輝論』（現代評論社、一九七二年）、四〇頁。

53 前掲「十六　東洋的共和政とは何ぞや」、一五五頁。

54 前掲「十四　支那の危機と天人許さゞる第二革命」、一三四頁。

55 前掲「十六　東洋的共和政とは何ぞや」、一五九～一六〇頁。

第五章■孫文と北一輝の〈革命〉構想

1 孫文率いる中華革命党の革命方略と、北の考える《東洋的共和政》における政体構造の類似については久保田文次氏も指摘している。氏は第二革命後に孫文が結成した中華革命党の革命方略において、「革命時期」にあっては中華革命党員のみが参政権を有すること（一三条）、主義党員（革命軍蜂起以前に入党した党員）のみが「元勲公民」として「一切の参政・執政の優先権利を得」ること（一二条）、が定められていることを取り上げ、このような中華革命党員による独裁は、北の言う「旧権力階級を打破せる勲功と力とによりて自身が自身を選挙すべき」「上院」の「諸汗」の政権掌握にあたると述べている。久保田前掲論文「『支那革命外史』の実証的批判」、一八～一九頁。

2 孫中山「三民主義・民権主義」第二講（一九二四年三月一六日）、『孫中山全集』第九巻（中華書局、一九八六年）、二七二頁。

3 同右、二八一頁。

4 前掲「七　南京政府設立の真相」、五九頁。ただし北は同章において「厳密の意味に於て孫君は単に支那共和政に暗示を与へたる者」（同、五八頁）とも述べている。

5 同右、五七頁。

6 同右、五七頁。

7 北は「二　孫逸仙の米国的理想は革命党の理想にあらず」の一節で「孫逸仙を指して亡国階級の人なりとするは以ての外なり」と断言している。前掲「二　孫逸仙の米国的理想は革命党の理想にあらず」、一〇頁。

8 前掲「十五　君主政と共和政の本義」、一四二頁。

9 久保田前掲論文「『支那革命外史』の実証的批判」、一七〜一八頁。

10 同右、二二頁。

11 同右、一九頁。

12 前掲「五　革命運動の概観」、二九頁。

13 北一輝「十三　財政革命と中世的代官政治」、『北一輝著作集二』、一二五頁。

14 北は『外史』前半部において、「亡国階級」を代表する人物として挙げていた袁世凱については、『外史』後半部でも、

凡眼俗頭の彼〔袁世凱〕は武漢の烽火が何を意味するやを知らず、又漢人の身を以て排満興漢の大潮流に逆行し得べきものなるや否やをも考察すべき智慮を有せず。……亡国階級に生活し飛舞したる彼は凡ての事亡国的範疇を出づる能はざるは固よりなり。

（北一輝「九　投降将軍袁世凱」、『北一輝著作集二』、七八頁）

と述べ、人々が何故革命を求めるのかを知らず、漢民族でありながら「排満興漢の大潮流に逆行」しよ

うとする愚者には何も期待することはできないと酷評している。
15 前掲「十三　財政革命と中世的代官政治」、一二〇頁。
16 北一輝「十七　武断的統一と日英戦争」、『北一輝著作集二』、一六九頁。
17 前掲「十六　東洋的共和政とは何ぞや」、一六〇～一六一頁。北は十七章において、「凡ての鍵は国民の心的傾向なり」とも述べている。前掲「十七　武断的統一と日英戦争」、一七〇頁。
18 前掲「十六　東洋的共和政とは何ぞや」、一六三頁。
19 同右、一六三頁。
20 前掲「在東京《民報》創刊周年慶祝大会的演説」、三三四頁。
21 同右、三三五頁。
22 孫中山「在安徽都督府歓迎会的演説」、前掲『孫中山全集』第二巻、五三三頁。
23 神谷政男氏は儒教主義の特徴について、①家族主義②専制主義（一般民衆や国民と結びつかない君主と一部の特権支配階級によって行われる専制的政治。ただし政治の方法を道徳に求めていることから、西洋的独裁政治・専制政治とは異なり、支配階級より民心は顧慮される）③自然主義（自然に順応するかを旨としており、このような考えのなかからは科学的精神は生まれ得ない）の三点を挙げ、孫文の言う民族主義・民権主義・物質文明の受容を、儒教主義の欠陥を補正するものとして捉えている。神谷政男「儒教主義と孫文主義」、『支那』第三二巻四月号（東亜同文会業務部、一九四一年四月一日）、二九～三二頁。
24 孫文が頻繁に『論語』や『孟子』の語句をその文章や演説に引用していたことが、河田悌一氏によって指摘されている。なお河田氏は『孫中山全集』のなかで、孔子という名前が二〇回以上、孟子からの引用が二七回みられることを明らかにしている。河田悌一「孫文の文明観そして儒教」、『関西大学　東西学術研究所紀要』第三二輯（関西大学東西学術研究所、一九九九年三月）、八九頁。
25 孫中山「在旧金山麗蝉戯院的演説」、前掲『孫中山全集』第一巻、四四一頁。
26 孫中山「在神戸国民党交通部歓迎会的演説」、前掲『孫中山全集』第三巻、四三頁。
27 孫中山「三民主義・民族主義」第六講（一九二四年三月二日）、前掲『孫中山全集』第九巻、二四六～二四七頁。

28　前掲「十七　武断的統一と日英戦争」、一七二頁。
29　同右、一七〇頁。
30　同右、一七〇頁。
31　前掲「十五　君主政と共和政の本義」、一四五頁。北は同頁で、

仏蘭西国民は革命の統一的中心を王室に仰ぎたるものなりき。是れ薩長其他各藩の革命党諸氏が京都の皇室を革命運動の中枢として奉戴すべく努力せしと異る所ありや。彼に於ては動かすべからざる国王の売国的証拠と、将に首都を陥れんとする分割侵入軍との故に終に発狂せざるを得ざりしと雖も、更に統一的権力の中心を「革命政府」に求め「公安委員会」に求め終に「奈翁」に求めて漸く安んずるを得たり。（同、一四五頁）

と述べ、明治天皇が日本において自由を擁護する統一的中心であるように、フランスにおけるこの統一的中心はナポレオンであると断言している。
32　前掲「第弐編　社会主義の倫理的理想」第四章、九一頁。
33　宮本盛太郎氏は北の国家観について「我々は、極めて状況的な彼の思考方法（……）の基底に存在する至高の原理的価値が、『生存進化の目的と其れに応ずる利益の帰属すべき権利の主体たる』国家にあったことを銘記しなければならない。彼にあっては、我々が彼を研究対象とする時期において、至高の決断を下す最高の存在は常に国家である、と考えられていたのである。」と指摘されている。宮本前掲書『北一輝研究』、六七頁。
34　このような北の捉え方は、『帝国憲法』を根拠に天皇と議会を「最高機関」と称した『国体論』と共通するものである。
35　前掲「五　革命運動の概観」、三二頁。
36　北一輝「六　革命渦中の批評」、『北一輝著作集二』、三九頁。
37　この点については萩原稔氏も「『外史』後半部を瞥見して気づくのは、新たな『東洋的共和政』にしても、

また中国の対英露戦争及び日本の対外膨張という主張にしても、その正当性を保証するものとして、超越的な『天』という存在が頻繁に出てくることである。……宗教的な、あるいは超人間的な力への傾斜という特徴は、『外史』における『変説』を語るうえで見逃せない問題であるといえよう」と指摘している。

38 前掲萩原書『北一輝の「革命」と「アジア」』、九一〜九二頁。

39 北一輝「十八　露支戦争と日本の領土拡張」、『北一輝著作集二』、一八四頁。

40 前掲「十六　東洋的共和政とは何ぞや」、一五九頁。

41 同右、一六二頁。

42 同右、一五八頁。

43 『国家改造案原理大綱』『日本改造法案大綱』の双方を指す。個別の大綱を指す場合は正式な書名を記している。

44 前掲「北一輝君を憶ふ」、三六一頁。

45 前掲「支那革命外史序」、五頁。

46 北は後に、『国家改造案原理大綱』を執筆したことについて、

自分は十有余年間の支那革命に与かれる生活を一抛して日本に帰る決意を固めた。十数年間に特に加速度的に腐敗堕落した本国をあのまゝにして置いては、対世界策も対支策も本国其者も明かに破滅であると見た。清末革命の頃、則ち民国及び大正元年の前後の年頃には、危ぶないと思ひつゝ、……而も未だ嘗て万事休すとまで絶望はしなかつたのである。──さうだ、日本に帰らう。日本の魂のドン底から覆へして日本自らの革命に当らう。（前掲「第三回の公刊頒布に際して告ぐ」、三五六頁）

と振り返っている。このことから、北が『国家改造案原理大綱』を執筆した直接の動機は、日本の外交政策にあると考えられる。

47 岡本前掲書『北一輝　転換期の思想構造』、一八三頁。

48 萩原前掲書『北一輝の「革命」と「アジア」』、二〜三頁。

49 この他、北を「近代化推進者《モダナイザー》」と肯定的に評価したG・M・ウィルソン氏も、著書『北一輝と日本の近代』のなかで、「要するに『改造法案』は、一九〇六年の著作（『国体論』）と明白かつ直接的なつながりがある」と述べ、「『改造法案』が青年期の社会主義的思考と異なるところは、ただ戦術面だけである」と説明している。G・M・ウィルソン著・岡本幸治訳『北一輝と日本の近代』（勁草書房、一九七一年）、八三〜八四頁。

50 北一輝「巻一　国民ノ天皇」『国家改造案原理大綱』、『北一輝著作集二』、二二二〜二二三頁。

51 同右、二二一頁。

52 萩原稔氏は、この憲法の停止に関する記述について、「現行の明治憲法の条文解釈をもとに革命を正当化するという『国体論』における主張を完全に放棄している」と述べ、「しかしそれは法律に依拠した革命が当時の状況からいけば非現実的なものであり、あくまで体制を変革するには武力が不可欠であるという、中国革命の経験に基づく戦術の変化」であると説明している。萩原前掲書『北一輝の「革命」と「アジア」』、一四二頁。しかし単に戦術の変化であるのならば、『国体論』において『帝国憲法』によって権限・地位を保障されていたはずの天皇が、『国家改造案原理大綱』では『帝国憲法』を停止することが説かれている、この逆転現象をどのように説明するのか。また『国体論』においては、主体である《国家》を法的に保障するものと高く評価していた『帝国憲法』の停止を、単なる戦術の変化とする説明で済ませてよいのか。北のこの『国家改造案原理大綱』における憲法の停止に関する記述には、『国体論』における北の《革命》論理そのものとの乖離が現れているのである。
なお『国家改造案原理大綱』には憲法に関する記述以外にも、『国体論』との乖離が見られる。例えば『国体論』における天皇が、

国家の特権ある一分子として国家の目的と利益との下に活動する国家機関の一なり。
（前掲「第四編　所謂国体論の復古的革命主義」第九章、二一八頁）

と説かれているのに対して、この『国家改造案原理大綱』における天皇は、

此時〔民主国時代〕ヨリノ天皇ハ純然タル政治的中心ノ意義ヲ有シ、此国民運動ノ指揮者タリシ以来現代民主国ノ総代表トシテ国家ヲ代表スル者ナリ。即チ維新革命以来ノ日本ハ天皇ヲ政治的中心トシタル近代的民主国ナリ。
（前掲「巻一　国民ノ天皇」、二二三頁）

と定義されているように、《国家》を代表するものであるとともに、国民の総代表、国民運動の指揮者として描かれている。

53　前掲「巻一　国民ノ天皇」、二二一頁。
54　同右、二二二頁。
55　『外史』後半部における北の《革命》構想、《東洋的共和政》との近似は、『国家改造案原理大綱』を加筆改題した『日本改造法案大綱』にも見て取れる。北は、憲法を停止し戒厳令を布くに際して、普通選挙によって招集される「国家改造議会」を想定しているが、『国家改造案原理大綱』においては、

天皇ハ第三期改造議会マデニ憲法改正案ヲ提出シテ改正憲法ノ発布ト同時ニ改造議会ヲ解散ス。
（同右、二二六頁）

と規定しているのに対して、『日本改造法案大綱』においては、この条文を削除して、

国家改造議会ハ天皇ノ宣布シタル国家改造ノ根本方針ヲ討論スルコトヲ得ズ。
（北一輝「巻一　国民ノ天皇」『日本改造法案大綱』西田税版初版、大正一五年二月一一日、『北一輝著作集二』、三七八頁）

との一文を加え、その註釈において、

是レ法理論ニ非ズシテ事実論ナリ。露独ノ皇帝モ斯カル権限ヲ有スベシト云フ学究談論ニ非ズシテ日本天皇陛下ニノミ期待スル国民ノ神格的信任ナリ。

（同右、三七八頁）

と解説している（ただし、昭和三年の西田税の書き込み版においては、この「神格」の箇所が「人格」と表記されている）。筆者はこの註釈で述べられている「国民ノ神格的信任」という言葉にこそ、《神》の意思を聞くことを新たな《国民的信念》の前提とする、北の『外史』後半部での主張が明確に示されていると考える。

56 ただしこの『国家改造案原理大綱』においても、『国体論』以来の、実在の人格・進化の主体《国家》を〈国家の主体〉と考える北の国家観は一貫している。北は「国家改造議会」の註釈において、

〔天皇を中心としたこの改革は〕権力濫用ノクーデターー〔傍線原文〕ニ非ズシテ国民ト共ニ国家ノ意志ヲ発動スル所以。

（前掲「巻一　国民ノ天皇」『国家改造案原理大綱』、一二六頁）

と述べ、この日本《革命》構想は《国家》の意思に基づくものであると説明している。

終章■「革命」とは何か

1 久保田文次氏は「かれ〔孫文〕は市民革命による欧米近代社会の建設を歴史的な進歩とみて、中国もそうした段階に到達しなければならないとは考えていたが、そうした段階はあくまで経過的にとらえられていたのであり、終極的な到達点としては欧米近代社会を超えたものをめざしていたのである」と指摘している。久保田前掲論文「『支那革命外史』の実証的批判」一一一頁。

2 西村成雄・国分良成『叢書　中国的問題群1　党と国家—政治体制の軌跡』（岩波書店、二〇〇九年）viii頁。

3 孫中山「三民主義・民族主義」第五講（一九二四年二月二四日）、前掲『孫中山全集』第九巻、二三八頁。

4 北一輝はこの点において、新中国を担える「国家思想」を持つ《国民》を育てようとした梁啓超と非常

に近い考えを持っていたと言える。生涯にわたって〈革命〉を唱え続けた北と、〈改革〉を主張し、孫文ら革命派の主張を批判し続けた梁啓超。相反する目的を持つ両者の主張にこのような類似性が見られることは、非常に興味深い。このことは近代における「改革」と「革命」について考えるうえで重要な示唆を与えてくれると思われるため、今後の課題とする。

5　前掲「十五　君主政と共和政の本義」、一四五頁。

6　ただし、このような共通の〈革命〉観を持つようになった孫文と北一輝であるが、両者が追い求めた近代国家は、第五章で言及したように、誰を国家の主権者として想定するか、主権者を支える理念をどこに求めるのか、という二点において大きな違いが見られた。また、両者が想定した独裁体制についても、北が独裁を肯定するために《天》という概念を必要としたのに対して、孫文は上位の権威を設定することなく独裁を肯定しているという点で異なっている。この両者が目指した国家像の違いについては、本稿では充分に言及できていない。しかし、これらの違いが生じたのは孫文と北が属した社会の違い――両国が歩んできた歴史的背景など――が深く関係していると思われる。彼らが目指した〈革命〉の最終的な着地点がそれぞれの母国であることを考えれば、本研究を踏まえた更なる分析が必要である。

あとがき

本書は、二〇一四年に奈良女子大学大学院人間文化研究科に提出した学位請求論文（博士論文）、「近代における『改革』と『革命』――北一輝、そして孫文を素材に」を加筆修正したものであり、「まえがき」で述べたように、〈革命〉としての辛亥革命について考えるとともに、孫文と北一輝の革命構想に変化をもたらす契機となった現実の〈革命〉、辛亥革命を起点として両者の革命構想を位置づけなおすことで、近代日中両国間の思想的「相互連関」について描き出すことを試みたものである。

各章の基盤となった研究・報告は次の通りである。

まえがき　書き下ろし
序　章　書き下ろし
第一章　書き下ろし
第二章　「孫文の辛亥革命以前の『革命』構想と『民主立憲制』」、『新しい歴史学のために』二七九号、京都民科歴史部会、二〇一一年一〇月／

「辛亥革命が意図するもの」、『史創』二二号、史創研究会、二〇一二年三月

第三章　「孫文の辛亥革命以前の『革命』構想と『民主立憲制』」、『新しい歴史学のために』二七九号、京都民科歴史部会、二〇一一年一〇月／「辛亥革命が意図するもの」、『史創』二二号、史創研究会、二〇一二年三月

第四章　「北一輝の『革命』論」、奈良女子大学史学会第五八回大会報告、二〇一三年一一月二三日

第五章　「北一輝の『革命』論」、奈良女子大学史学会第五八回大会報告、二〇一三年一一月二三日

終　章　書き下ろし

本書は多くの方々の支えにより完成したものである。

まず、奈良女子大学の小路田泰直先生には、学部・大学院を通じてご指導いただいた。学位論文提出の締め切り間近になって、「終章」をうまくまとめることができず筆者が弱気になっていた時には、絶対に書けると力強く励ましていただいた。拙いながらも自身の研究を一冊の本として世に出すことができたのも、小路田先生のおかげである。最後まで粘り強くご指導いただいた先生に、心より感謝御礼申し上げたい。

また、『孫中山全集』『飲冰室文集』『飲冰室合集』など、孫文や梁啓超に関す

る中国文献を扱うにあたっては、二〇一三年に同大学を退職された東洋史の井上裕正先生に、様々なご指導・ご助言を賜った。学部においても大学院においても日本史を専攻していた筆者が、曲がりなりにも中国文献を読み解くことができたのは、井上先生にご指導・ご助言をいただいたおかげである。心より感謝御礼申し上げたい。

学外においても、多くの方にお世話になった。なかでも京都府立大学の小林啓治先生には、二〇一〇年の『史創研究会』第一回報告会において、筆者が「孫文と立憲主義――宋教仁暗殺事件を巡って」と題して孫文の「革命」構想について報告した際、この内容を『新しい歴史学のために』へ投稿しないかと声をかけていただいた。当時博士課程に進んだばかりだった筆者に投稿する機会を与えていただいたことは、研究を続ける大きな原動力となった。論文を投稿した際に的確なご指導とご助言をいただいたことにも、感謝御礼申し上げたい。

また、厳しい出版状況のなか、本書を出版する機会を与えてくださった敬文舎の柳町敬直氏と、担当していただいた阿部いづみ氏に、厚く御礼申し上げたい。

そして最後に、ここで名前を挙げることができなかった多くの方々と、傍で見守り支えてくれた家族に、心より感謝したい。

二〇一七年　二月

八ヶ代　美佳

孫文と北一輝 ——〈革命〉とは何か

2017年3月25日　第1版 第1刷発行

著　者　八ヶ代 美佳
発行者　柳町 敬直
発行所　株式会社 敬文舎
〒160-0023　東京都新宿区西新宿3-3-23
ファミール西新宿405号
電話　03-6302-0699（編集・販売）
URL　http://k-bun.co.jp
印刷・製本　中央精版印刷株式会社

Printed in Japan ISBN978-4-906822-86-7